上古汉语

常用指示代词的指示功能研究

朱淑华 著

知识产权出版社
全国百佳图书出版单位

图书在版编目（CIP）数据

上古汉语常用指示代词的指示功能研究 / 朱淑华著. — 北京 : 知识产权出版社, 2017.2
ISBN 978-7-5130-4744-9

Ⅰ. ①上… Ⅱ. ①朱… Ⅲ. ①古汉语 – 代词 – 研究Ⅳ. ①H141

中国版本图书馆CIP数据核字（2017）第026895号

内容提要

本书拟借鉴现代语言学关于指示的理论，对春秋战国时期9部传世文献中常用指示代词的指示类型进行细致地描述，进而总结上古汉语常用指示代词的指示功能，力图对先秦汉语中的指示代词做出更为深入的描写与分析，在此基础上探讨一些有争议的问题，并尽可能地予以合理的解释。

责任编辑：李　婧　　　**责任出版**：孙婷婷

上古汉语常用指示代词的指示功能研究

SHANGGU HANYU CHANGYONG ZHISHI DAICI DE ZHISHI GONGNENG YANJIU

朱淑华　著

出版发行：	知识产权出版社有限责任公司	网　　址：	http：//www. ipph. cn
电　　话：	010－82004826		http：//www. laichushu. com
社　　址：	北京市海淀区西外太平庄55号	邮　　编：	100081
责编电话：	010－82000860转8594	责编邮箱：	549299101@qq.com
发行电话：	010－82000860转8101 / 8029	发行传真：	010－82000893 / 82003279
印　　刷：	北京中献拓方科技发展有限公司	经　　销：	各大网上书店、新华书店及相关专业书店
开　　本：	720mm×960mm　1/16	印　　张：	9.5
版　　次：	2017年2月第1版	印　　次：	2017年2月第1次印刷
字　　数：	150千字	定　　价：	28.00元

ISBN 978－7－5130－4744－9

序

指示现象是语言学家们很早就注意到的问题，20世纪30年代以后，随着语用学的兴起，指示研究开语用研究之先河，成为语用学研究的基本问题之一，受到各国学者的重视。语言学家研究指示的兴趣在于探讨词语是怎样实现指示功能的，具体的研究往往是从表达指示的形式——指示词语入手的。

要对一个中外学者都十分关注的课题做进一步的研究，就要寻找一个有利于学术创新的合适角度。吕叔湘先生在中国语言学会成立大会上曾经呼吁："如果从中国传统语言学入手的人能在吸收西方语言学方面下点功夫，如果从西方语言学入手的人能在结合中国语言实际上下点功夫就好了。"（吕叔湘1981）本书的作者阅读了大量的中外文献，经过反复对比与思考，决定从篇章分析的角度全面细致地考察上古汉语常用指示代词的指示功能。这在上古汉语指示代词研究中是一个新的视角。

深入地研究古代汉语某一语言现象，首先，必须有理论和方法上的思考。古汉语的研究不能机械套用现代语言学的理论和方法，吕叔湘先生曾把这种机械套用归纳为"空谈语言学，不结合中国实际，有时候引些中国实例，也不怎么恰当"。借鉴国外的现代语言学理论，吸收中国传统语文学的精华，重视语言事实的描写，将其有机地结合起来，当是探索、构建适用于古代汉语语法研究体系的一条必由之路。在本书中，我们看到作者除了深入理解国外语言学，尤其是语用分析理论外，也充分吸收了前贤在古代汉语指示代词研究上的成果。可以说，作者在探索的道路上作了有益的尝试。

其次，要重视语料的甄选、处理和分析。作者以春秋战国时期《左传》《国语》《论语》《墨子》《晏子》《孟子》《庄子》《荀子》《吕氏春秋》9部传世文献为基础语料，采用穷尽性地统计分析与比较相结合的方法，细致描述“此（斯）、是、彼、夫、之、其”等常用指示代词的指示类型，并在此基础上对其进行功能分析。这项工作虽然看起来烦琐，但确为作者的研究奠定了基础。

语法研究的目标不仅是描写语法现象，最终是对语法现象作出解释。吕叔湘先生在给《英汉对比研究论文集》的题词中说：“指明事物的异同所在不难，追究它们何以有此异同就不那么容易了。而这恰恰是对比研究的最终目的。”本书的作者在这方面做了努力。其解释未必都合理，但亦不乏新意。

书中作者在句法分析描写研究的基础上，从语用、篇章等角度，着重考察了“此（斯）”“是”等的指示类型，进而总结出“此（斯）”“是”这一对指示代词，虽在分布与功能上近似，但也存在诸多差别，其中很重要的一个原因即“此（斯）”的指示性要强于“是”：首先，直接指示中，“此（斯）”的出现频率要高于“是”，而当指示代词表示直接指示时，其指示功能是最强的。其次，间接指示中，名词性回指情况下，当指称距离小于或等于3时，指称同处于宾语位置的先行语，一般选择处于显著性稍低的宾语位置的“此（斯）”指称，选择处于显著性高的主语位置的“是”指称，“此（斯）”处于比“是”不显著的位置，却指称具有相同显著度位置的人或事物；指称距离大于3时，当“此（斯）”“是”同处于主语位置，“是”指称显著性高的主语位置的人或事物，“此（斯）”则指称显著性略低的宾语位置的人或事物。“此（斯）”“是”处于相同显著度的位置，“此（斯）”先行语位置的显著度却低于“是”先行语位置的显著度。

本书是作者攻读博士学位期间辛勤耕耘的结晶，今天终能付梓，作为她的导师，甚为欣慰。希望本书的出版能够引起学界的关注，如果能够获得同仁评说一番，对于作者来说，当是一大幸事。是为序。

殷国光

2016年10月

目　录

第一章　绪　论

第一节　研究意义与目标

指示现象是语言学家们很早就注意到的问题，早在古希腊就有学者根据词语与它指称的语言外对象的关系性质，而对称谓事物词和指示事物词加以区分，当时对指示事物词的研究主要为指示代词，因而指示一度被作为语法范畴进行研究。20世纪30年代以后，随着语用学的兴起，指示研究开语用研究之先河，成为语用学研究的基本问题之一，受到各国学者的重视。

指示问题也是古汉语研究中的一个重要论题，主要表现在对上古汉语指示代词系统及指示代词是否存在格位变化的探讨，对某些指示代词的定性（表示近指还是远指），对指示代词何时转化为第三人称代词的讨论，对指示代词语法化问题的研究等。本书拟借鉴现代语言学关于指示的理论，对春秋战国时期9部传世文献中常用指示代词的指示类型进行细致地描述，进而总结上古汉语常用指示代词的指示功能，力图对先秦汉语中的指示代词作出更为深入的描写与分析，在此基础上探讨一些有争议的问题，并尽可能地予以合理的解释。

第二节　以往的研究

一、指示代词的性质

代词的定义和范围在语言研究中一直不甚清晰。从狭义角度来说，

“代词”相当于“代名词”，即代替名词性成分的语言成分，汉语研究自《马氏文通》始，认为代词就是代名词的语言学家不在少数。然而，汉语中的代词应用范围不仅仅局限于代替名词，代词也可以代替其他任何一种语言成分。学者们对代词性质的认识，大体有三种意见。

1. 代替说

马建忠《马氏文通》(1898)一书中设立“代字”一类，并定义为“凡实字用以指名者，曰代字”。陈承泽(1922)沿用马氏的观点，把“字之可代名字之用者”叫“代名字”。

黎锦熙(1924)称代词为代替名词的“代名词”。杨树达(1930)在《高等国文法》里虽然没有明确给代词下定义，但从他对代词分类的处理上仍可看出他的观点是主张代替说。王力和赵元任也主张此说，但他们对代词的认识要宽泛得多。王力(1944)认为凡词能代替实词者叫代词。代词主要用来指人称替代，但也谈到了名词替代、谓语替代、形容词替代和动词替代等。他的替代范围由替代名词扩展到替代实词。赵元任(1968)针对语言中的替代现象，列出了多种具有替代功能的别种替代词。所谓别种替代词是指代名词以外的从指示区别词派生出来的词，其中不仅包括代副词、代形容词，还有代动词，甚至代句词。

2. 指示说

学界明确持指示说的不太多。邢公畹(1949)在《〈论语〉中的对待指别词》一文中指出：“本文所要讨论的‘指别词’，就是普通称为‘代名词’这一名目中所包含的那些语词，我们在这里不称代名词而称指别词，是觉得它们指示范围和别的事物的功能比起它们代替的功能来似乎还要大。”

3. 指代说

张志公(1953)首先提出“指代词”这个术语。他认为“指代词”在句中的作用就在于“代替和区别名词、动词、形容词、数量词”。吕叔湘(1979)也主张“代词”具有称代和指别功能，“替代的时候同时也是指示，指示的时候可不一定替代，指别是这类词不同于他类词的主要特征”。

蒋华(2004)在前人研究的基础上得出如下结论:指示功能、称代功能和连接功能是指示代词的三项基本的功能;称代功能和区别功能是没有任何联系的;区别功能是指示功能的附着功能。因此,指示代词可以定义为:指称或区别人、物和情况,并且起连接功能的词叫指示代词。

二、指示代词的界定

第一个对古代汉语指示代词体系问题进行研究的是马建忠(1898)。马氏将指示代词放到代词的大系统中去考察,他将代词分成指名代字、接读代字、询问代字和指示代字四大类。他根据语义功能的不同把指示代词分别归到指名代字和指示代字两类,把具有替代作用的指示代词归到指名代字中,把仅具有指示作用的指示代词归到指示代字中,同时他也注意到指示代词的衔接功能,单列接读代字一类。虽然每个分类下的细类还有值得商讨之处,但是马氏按指示、代替功能对指示代词进行下位区分在当时是很大的贡献。同时马氏还有按指代远近给指示代词进行分类的想法。

杨树达《高等国文法》(1930)中,把指示代名词按指代远近分成近称:"此"义诸字"此、兹、斯、是(寔)、尔、鲜、已(以)、今","如此""如是"义诸字"尔、然、若、已、云、乃","于是"义诸字"焉、之";远称:"彼"义诸字"彼、匪","其"义诸字"其、厥、乃、若";泛称:"之"字义诸字"之、旃、诸、诸(之于)、诸(之乎)、焉、其"和通称"者"字。另还有无法按远近区分的"其他之指示代名词",其下又分他指"他(它)、异",虚指"某、或",无指"莫、毋(无)、末"和逐指"每"四类。

王力《中国现代语法》(1943)针对现代语法,先把指示代词分为近指、远指,然后再用数的标准分成单数、复数两类。后来他(1958,1989)也按这种办法给古代汉语指示代词进行了分类,在杨树达分类的基础上把古代汉语指示代词分为近指、远指、特指三类。

周法高《中国古代语法(称代篇)》(1959)也按指代远近把古代汉语中的指示代词分为两个主要类别,一是近指代词,有"兹、斯、时、是、此、若"等;二是远指代词有"彼、匪、夫"等。此外,他还提到两个附类,一类意思相当于“如此”，有“然、尔、乃、云”等，一类意思相当于“于是”，有“焉、爰”等。对这两个附类，他没有给予命名，也没说是什么代词。

潘允中《汉语语法史概要》(1982)把指示代词分成两大类，近指代词有“兹、此、是、时、斯、之”；远指代词有“若、尔、彼、匪、夫、其”等。黄盛璋《先秦指示词研究》(1983)把先秦古汉语中的指示代词也分成两类，一类是近指代词，包括“此、斯、是、兹、之、伊”等，一类是远指代词，有“彼、匪、夫、厥、其、尔、若”等。史存直《汉语语法史纲要》(1986)也把指示代词分成两大类，一类是近指代词，有“兹、此、是、斯、之”；一类是远指代词，有“若、尔、彼、匪、夫、厥、其”。

郭锡良《试论上古汉语指示代词的体系》(1989)指出“先秦十几个指示代词在语法意义、语法作用等方面是有区别的。这些区别使它们之间的关系有的密切，有的较远，形成一个体系；这个体系既不同于远古时期甲骨文指示代词的体系，也不同于今天现代汉语指示代词的体系”。他结合上古音的考察，认为上古汉语的指示代词体系如下。

泛指和特指：之、兹、其；

近指和中指：此、斯、是；

远指：彼、夫；

无定：他、莫；

谓词性指代：尔、若、然。

洪波《上古汉语指代词书面体系的再研究》(1991)认为上古汉语的指示代词实际上有20个，分为8组，如下。

则组：则(即)、兹、此、斯，同为上古精纽；

若组：若(如、女、汝)、尔、而、乃、然，同为上古泥母；

惟组：惟(维、唯、虽)、惟、唯、维，同为以母，虽为心母；

伊组：伊(繄)，属影纽；

彼组：彼(匪)、夫，同属帮纽；

其组：厥、其，同属见纽；

爰组：爰、焉，同属匣纽；

是组：是（实、寔）、时、之，同属章组。

并且把8组指示代词根据指代远近的语义功能分为4类，如下。

近指：则组；

中指：若组；

远指：彼组、伊组、唯组；

兼指：爰组、其组、是组。

杨伯峻和何乐士《古汉语语法及其发展》（1992）中讲到，指示代词就是主要起指示作用的代词。所谓“指示作用”是说它们对于所指代的对象有区别作用，如区别其远指、近指、有指、无指、实指、虚指等。指示代词兼有指示和称代两种作用，称代是它作为代词的共同属性。当它以代词的身分代替名词在作主语或宾语时，它也同时含有指示、区别的作用。当它位于实体词前作定语时，其指示作用就更明显。并把指示代词分成8类，如下。

近指代词：兹、时、是、此、斯、以；

远指代词：夫、彼、匪；

泛指代词：之、焉、旃、诸；

旁指代词（或他指代词）：他、馀、异；

虚指代词：某、甲、乙；

无指代词：无（毋）、靡、莫、罔；

分指代词：或、者；

逐指代词：每。

向熹《简明汉语史》（1993）则把指示代词分成7类，如下。

近指代词：之、兹、时、此、斯、是；

远指代词：其、彼、匪、夫；

特指代词：尔、若、然；

虚指代词：某、或；

无指代词：莫、无；

旁指代词：他（它、佗）；

特殊代词：者、所。

殷国光《〈吕氏春秋〉词类研究》（1997）根据意义把指示代词分为6类，

如下。

近指代词：此、兹、斯、是、时、之、若、以、焉、然；

远指代词：彼、其、夫；

旁指代词：他；

逐指代词：每；

虚指代词：某；

无定指代词：或、莫。

李佐丰《先秦汉语实词》(2003)对先秦汉语代词进行了新的分类。首先根据句法功能的不同分成体词性代词、谓词性代词两类，下位区分都是指称和疑问两类。在体词性代词这一类别之下有指示代词。指示代词是指示空间、时间方面的远近以区别事物的指称代词，包含近指、远指两种。近指代词有“是、此、斯、若、兹”，远指代词有“彼、夫、匪”等。指示代词可以作主语。在充当定语时，有关的人、物由代词所修饰的中心语表示，指示代词主要表示指示，很少有称代意义。可是当指示代词单独充当主语或宾语时，在指示之中时常包含有称代的作用。

崔立斌《〈孟子〉词类研究》(2004)把指示代词分7类，如下。

近指代词：此、是、斯、兹；

远指代词：彼、夫；

特指、泛指代词：其、厥、之、诸；

谓词性指示代词：然、若、尔；

特殊指示代词：焉；

不定指示代词：或、莫、他；

辅助性指示代词：所、者。

张玉金《关于先秦汉语指示代词的体系问题》(2006)在前人研究的基础上，指出上古汉语指示代词的划分应该分层进行，他借鉴上古汉语人称代词的划分方法，建议在对指示代词进行切分时，不是按指代远近，而是按是否能指代远近，然后再进行下位区分。认为上古汉语指示代词的体系应该如图1-1所示。

- 指近指远代词
  - 近指代词
    - 体词性的：兹、此、是（时）、斯、之2等
    - 谓词性的：然、若、尔2、否等
  - 远指代词：彼（匪）、夫、厥2、其2、伊等
- 非指近指远代词
  - 旁指代词：他（它、佗）、馀、异等
  - 分指代词：每、各等
  - 虚指代词：某、甲、乙
  - 无定代词：或、有；莫、靡、无（毋）等

图1-1 上古汉语指示代词体系

前人对上古汉语指示代词的研究颇多，却很少明确地给其下定义。张玉金（2006）提出的6个判定上古汉语代词的标准：①首先应该是个词，而不是短语；②应是实词而不是虚词；③本质功能是指示、替代；④合音词和兼词不宜归入代词；⑤同一个代词借用了不同的字应该合而为一；⑥应该有代词的语法特征。张先生的判定标准有很多可取之处，亦有值得商榷之处：关于“焉”，张认为“焉”被称为指示代词兼语气词，意思相当于“于是”，应该另立一类，因为他们不是纯粹的代词，而只有一部分是代词或含有代词。笔者同意殷国光先生的观点，[1]指示代词所指代的事物随语言环境而变，在言语中或是词，或是短语，或是句子。“焉”作“于是”解，是由“焉”分布的语境决定的。因为“焉”一般总是出现在不及物动词、形容词之后，因此后人在理解、训释“焉”的时候，照常例加“于”。这种后人训释时所加的词语，不宜看作“焉”自身固有的意义。因此，应处理为指示代词。

三、指示代词的分类

1. 指示代词与人称代词关系

上古汉语指示代词与人称代词关系极为密切。周法高在《中国古代语法（称代篇）》中专列一节“代词的转变”，尤其是“代词本身的转变”。他提

[1] 殷国光.《吕氏春秋》词类研究[M].北京：商务印书馆，2008：273.

到人称代词和指称代词有时可以互相转换："以"既可以用为第一身领位，也可用为近指代词；"若"，除了第二、第三身代词外，还可用为指称代词，训为"此"或"如此""如彼"；"尔"，除了做第二称代词外，还可作指称代词，训"此"或"如此"；"乃"除了作第二、第三身代词外，还可作近指代词，训为"此""如此"；"兹"本来是近指代词，偶有用作第三身的；"其"用为第三身代词，有时用为远指代词；"之"，除了作第三身代词外，还可用为近指代词。

争论的焦点在于上古汉语是否有第三人称代词，如下。

"其""之"，王力先生(1980)在《汉语史稿》中提到，在上古汉语里，指示代词和人称代词的关系非常密切。"其""之"两字是比较明显的例子。杨树达先生把"其""之"归入指示代词，是有相当理由的。"其""之"既然可以指物，就和第一、二人称专指人的不同。殷墟卜辞中不用"其""之"作人称代词，可见它们不是和"余""汝"等人称代词同时产生的，可能是它们先用作指示代词，然后才发展为人称代词。

吕叔湘《近代汉语指代词》(1985)中说到："就古代汉语而论，第三身代词跟指示代词的关系异常密切，应该合并成一类"。[1]郭锡良先生(1989)指出："全面考察先秦的古籍，'之''其''厥'等字虽然在一定程度上具有第三人称代词性质，但没有一个能作主语的。这是因为它们都是从指示代词向第三人称代词转化，都还没有摆脱原来词性的束缚；因此，严格说来，先秦还没有真正的第三人称代词。"[2]

崔立斌(2004)也认为不应看作兼类词，它们就是指示代词，原因有三个：一是同一个代词可以表示两种甚至三种人称的说法在理论上讲不通；二是"其""之"在指称事物和指称人的时候，语法功能和语法意义并无差别，因此没有理由把"其""之"看成兼类词；三是把"其""之"定性为指示代词，可以摆脱由于人称代词定性的错误而带来的一些麻烦，譬如通常把

---

❶ 吕叔湘. 近代汉语指代词[M]//吕叔湘. 吕叔湘文集(第三卷). 北京：商务印书馆，1992：1.

❷ 郭锡良. 汉语第三人称代词的起源和发展[M]//郭锡良. 汉语史论集. 北京：商务印书馆，2005：8.

"其"理解为"第三人称代词＋之"或"名词＋之"的意义，而"其"并非名词（代词）加"之"的合音词；即使"其"指称人时，有的也不能用现代汉语第三人称代词"他"（或"他的"）去翻译；"之"作宾语时，有的被认为只是凑足一个音节。

姚振武（2005）认为上古汉语中没有指示代词和第三身代词的分别，即上古汉语用一套代词承担了印欧语及现代汉语中指示代词和第三身代词这两套代词的功能。在此基础上他提出了"古指称词"的概念，无论是指示代词的用法还是第三身代词的用法，都是古指称词固有功能的一部分而不是全部。上古汉语虽然没有一个功能完备的专职第三身代词，但可以自如、完整地表达第三身范畴，办法就是多个古指称词合作，各司其职。即：主语用彼、是、此等；领属性定语用"其"；宾语绝大部分用"之"，少量用彼、是、此。

我们认为"其""之"应分为作指示代词和人称代词两种情况。处于定语位置且不具有领属性质的"其"和处于定语位置的"之"，我们看作是指示代词。原因在于"其""之"指称第一、第二人称的数量并不多，可用特殊语境（如对话）中的活用来解释。"其""之"作为指示代词和第三人称代词的分布也有很大差异。"之"近指，只出现在定语位置，与充当第三人称的"之"分布不同；"其"远指，亦与充当第三人称的"其"的分布有别。"其""之"的分布与其他指示代词（如"此"）的分布亦有别。如果一律归为指示代词，无法解释这种句法上的对立。另，现代汉语中有"他""它"两种写法，说明第三人称代词指物亦当是常事。

2. 指示代词的语音问题

学者们在进行分类时，也很少论述其分类标准。有学者注意到从语音的角度对上古汉语指示代词系统进行研究，主要以郭锡良（1989）、洪波（1991）为代表。他们认为，同一类代词在语音上往往有相同之处；意义上有区别的代词，在语音上也有对立之处，在此基础上他们对指示代词进行了划分。

郭锡良（1989）把指示代词分为五类，而且给每个指示代词拟了音。关于上古汉语指示代词的语音系统及其语法意义、语法作用的体系关系，他做了如下论述：第一类“之”“兹”同属之部，声母都是舌齿音；“其”也属于之部，声母是牙音，“之”“兹”和“其”之间构成泛指和特指的对立；第二类“此、斯、是”同属支部，声母也同是齿音，“此”是指示性很强的近指代词，“斯”是指示性轻的指示代词，“是”是指代不在近前的中指代词，可以称为忆指；第三类“彼”“夫”同是帮母字，韵的方面是歌、鱼旁转，用韵母的不同表示语法的细微差别，“彼”是指示性很强的远指代词，“夫”的指示性弱；第四类“他”和“莫”语音上的差别较大，“他”属歌部，“莫”属铎部，歌、铎旁对转，“他”是甄别性的无定代词，“莫”是否定性的无定代词；第五类“尔”“若”“然”同时日母字，韵的方面是“尔”“然”为歌、元对转，“若”同“尔”“然”是旁对转，“尔”一般作宾语，“若”只作定语，“然”主要作谓语。

洪波(1991)指出，先秦汉语的指示代词，声母相同(同组或同组)的，语义功能往往是一致的。他按声纽的不同，把指示代词分成八组，并把八组指示代词分别归到近指、中指、远指和兼指四个类别中。

根据古汉语词汇学的研究，在古代汉语中，同义词之间往往是音同义也同，音近义亦近，反义词则相反，在语音上往往是对立的。代词应当也符合这一规律。❶

由上文可见，大多数语言学家对上古汉语指示代词的分类都是首先基于指代远近的语义划分，这也是上古汉语指示代词的主体，至于无法用距离远近区别的但具有指示功能的词，他们或与指近指远代词并列列出，或作为附类处理。

我们认为上古汉语指示代词体系，与现代汉语指示代词的体系相比，更为复杂，因此，不能完全套用现代汉语的分类方法，而应根据上古汉语指示代词的实际情况，不需要把其强制分为远指近指两类。我们采用如下分类。

(1)近指代词：此(斯)、兹、是、之、以、焉(体词性)；

❶ 张玉金．关于先秦汉语指示代词的体系问题[M]//张玉金．出土文献语言研究．广州：广东高等教育出版社，2006：132-133.

然、若、尔(谓词性);

(2)远指代词:彼、其、夫、伊;

(3)旁指代词:他;

(4)逐指代词:每;

(5)虚指代词:某;

(6)无定指代词:或、莫。

四、指示代词的功能

1. 句法功能的探讨

上古汉语指示代词句法层面的研究主要集中在以下三个方面。

(1)语法专著中有专章讲述指示代词,有的例举各类指示代词的例句,如杨树达《高等国文法》等,有的在例举的同时,对他们所处的句法地位进行论述如《马氏文通》等。

(2)关于指示代词断代研究。郭锡良《试论上古汉语指示代词的体系》,通过对《尚书》等十部先秦文献的量化统计,分析了各类指示代词的语法意义和语法作用,并对同类指示代词的区别加以探讨。且指出各类指示代词语音上的系统相配。近期,曾伟娟《秦至汉初指示代词研究》(2007)以秦至汉初时段可信的出土文献和传世文献为语料,从句法角度系统地展现秦至汉初时段指示代词的面貌。

(3)专书词类研究中关于指示代词的论述。如殷国光《〈吕氏春秋〉词类研究》、崔立斌《〈孟子〉词类研究》、姚振武《〈晏子春秋〉词类研究》等。

对上古汉语指示代词的研究仅限于句法层面,分析代词在句中所充当的句子成分,往往只是指明代词在句中的语法特点,研究范围限于句子。

2. 语用功能的探讨

指示词[1]与名词的指称性质密切相关,是表达有定概念的主要手段之一,并具有重要的话语篇章功能,牵涉到回指、名词的话题连续性、已知信

[1] 指示代词是指示词的下位概念。

息、背景信息等，因而在语义、语用、话语分析等各个领域的研究中都受到了高度关注。

国外语言学对指示词的研究集中于语用功能。对指示现象进行第一次全面系统理论探索的当数Bühler。在他的句法指点（回指）中，Bühler（1934）较早地区分了语言中回指（anaphora）和预指（cataphora）两种情况。后来的语言学家都采纳Bühler 的观点。

Bloomfield（1935）把回指这一现象用替代（substitution）来冠名。他首先把替代归入语法现象，认为语言中有三种有意义的语法配列手段：句型、结构和替代。替代是一种语言形式（linguistic form）或语法特征（grammatical feature），在一定习惯环境下，一个语言形式可以替代另一个语言形式。替代要么是回指的（anaphoric），要么是依附的代词（dependent substitute）。回指的替代是有先行词的，依附的替代往往借助手势，是没有先行词的替代。

比起 Bühler（1934），Bloomfield（1935）除认识到指示词语篇功能之外，还认识到与言谈现场直接关联的功能。Lyons（1977）的观点与Bloomfield（1935）类似，他同时提出篇章直指（text deixis）的概念，指示上文提到的命题、事件或言语行为，有别于回指（anaphora），回指指示上文出现的名词性成分，也有别于直指，直指一般指示言谈现场出现的对象，篇章直指功能介于直指和回指之间，是直指向回指发展过程中的过渡环节。Fillmore（1982）基本没有超越这种观点。

Levinson 在 Fillmore（1971）的基础上对指示用法进行了分类：①人称指示语（person deixis）：表示言语事件中的参与者，包括说话人、听话人或其他参与者，可分为第一人称指示语、第二人称指示语和第三人称指示语；②地点指示语（place deixis）：表示与言语事件有关的地点或位置，包括表示近指和远指的地点指示结构，以及地点副词 here 和 there 等；③时间指示语（time deixis）：表示与言语事件有关的时间关系，如“now”等；④话语指示语（discourse deixis）：表示话语中的某一指示信息，或前述话语中的某一指示信息；⑤社交指示语（social deixis）：表示交际者之间的关系或社交特征的词语或结构，比如表礼貌关系的“tu”和“vous”、各种敬语和称呼语等。并指出指示词语在大多数情况下具有指示(deictic)功能,同时在某种情况下又具有非指示用法。并把非指示用法分为非回指(non-anaphoric)和回指用法(anaphoric)。非回指用法是指参照点不在上下文中。其实就是泛指用法。回指用法是指语言成分的参照点存在于语篇的上下文中,对回指项的理解依赖于对先行项的理解。

指示词的各类指示功能以及由指示功能发展而来的连接功能是保持语篇连贯的主要手段之一。Hanlliday 和 Hasan(1976)把衔接关系分为照应(reference)、替代(substitution)、省略(ellipsis)、连接(conjunction)和词汇衔接(lexical cohesion)五类,其中三类(照应、替代和连接)都与指示词相关。他们认为:在话语中,一个句子内在的某些词语与上下文有一脉相承的关系,即某些词语的具体意义要从上下文中的有关词语索引。他们把照应分为人称照应、指示照应和比较照应三类。通常情况,照应词项还可分为外照应(exophoric)和内照应(endophoric)。外照应是指某个人、物的指称对象在情景语境中才能获得,因此外照应没有衔接力。内照应是指上下文语境中的回指和预指,其中回指是篇章衔接中很重要的手段之一。他们涉及回指的研究在功能语法中影响很大。

在篇章衔接理论基础上,许多学者从话语角度研究回指的分布,从而解释在话语中的某一个特定点上,哪些因素制约回指形式的选择。Givon(1983,1995)的话题延续性或距离 - 干扰理论认为,话题延续性制约篇章中回指形式的选择。话语中话题的延续性由这些因素衡量,如"指称距离"(回指词和它的先行词之间的距离,依据间隔的小句的数目确定,即一个所指的两次提及之间的距离)、"可能的所指"(在回指和先行词之间存在多少可能的起干扰作用的所指)、持续性(后续小句中话题或参与者作为语义论元连续不被打断的小句数目)。Givon 理论的核心原则:一个话题或参与者越连续,越有可能编码为一个简化的回指形式。它可能是一个零形回指或者一个代词回指。

但从目前研究来看,对语言中的衔接关系的研究,尤其是对回指(anaphora)的研究多集中于对第三人称代词的研究,对指示词的研究相对还比较薄弱。

汉语大多数研究者对指示词语用功能的分类沿用国外学者的观点，只有吕叔湘(1944)稍显不同，他把汉语中指示词的功能归结为特指、承指和助指三类。特指相当于直指，有远近之别。而"上文已说，或说的人和听的人了然于何所指，谓之承指"，从范围来看，承指包括回指(上文已说)，也包括双方因默契、共享知识、所指对象的唯一性等而产生的有定功能，这后一种功能类似于有冠词语言中的定冠词的用法。助指是"指称词"(即指示词)要伴同其他加语才能产生指定作用，即指示词的有定意义需要借助其他修饰语的限定才能实现。吕先生对汉语指示词的功能分类不同于国外学者，但是对于汉语研究来说却非常合理，尤其是引入助指概念，将对研究汉语NP中指示词及与其同现的修饰语的功能起关键作用。❶

五、指示代词的时代和地域问题的探讨

对上古汉语指示代词的研究不能忽视时代和地域的差别。近指代词"兹""是(时)""斯"等在古代文献中的分布显然存在着很大的差异。对于这一差异，古人早有论及。顾炎武《日知录》卷六"檀弓"条云："《尔雅》曰：'兹、斯，此也。'今考《尚书》多言'兹'，《论语》多言'斯'，《大学》以后之书多言'此'。"又云："《论语》之言'斯'者七十，而不言'此'，《檀弓》之言'斯'者五十有三，而言'此'者一而已。《大学》成于曾氏之门人，而一卷之中，言'此'者十有九。语音轻重之间，而世代之别，从可知已。"《马氏文通》也有类似的看法："按《尚书》多言'兹'，《论语》多言'斯'，而《孟子》则通用'此''是'诸字，惟引《书》言'惟兹臣庶'而已。"

郭锡良在《试论上古汉语指示代词的体系》一文中也提及指示代词的时代和地域问题。在考察《尚书》《诗经》《左传》《公羊传》《穀梁传》《论语》《孟子》《墨子》《庄子》《荀子》10部文献的基础上得出，"此""斯"的区别既不是时代的差别，也不是地域的差别，而是由于"此""斯"本身存在差别，"斯"的指示性比"此"弱。

❶ 陈玉洁. 指示词的类型学考察[D]. 北京：中国社会科学院，2007.

殷国光《吕氏春秋低频语法现象考察二则》(2006),考察了今文《尚书》《诗经》《左传》《孟子》《荀子》《韩非子》《庄子》《公羊传》《穀梁传》《礼记·檀公》等11部上古文献,全面详细地论述了指示代词的地域问题。他认为"兹""斯""此"三词同源❶,其语音上的差异,确如顾氏所云只在"轻重之间";从"兹"到"斯""此",从考察的结果看,亦确如顾氏所云,为"世代之别"。"兹""时"是上古汉语早期常用的近指代词。至《论语》而近指代词改用"斯",不用"兹""时",这一变化是历史的变化。它表明,近指代词"兹""时"在春秋与战国之交已经消亡。

近指代词"斯"最早见于《诗经》(28例),是周初至春秋中叶常用的近指代词之一。考察上古诸书,战国时期,指示代词"斯"集中出现在《论语》(40例,成书于战国初期)、《孟子》(17例,成书于战国中期)以及《礼记·檀弓》(36例,成书于周秦之交)3部文献中。而与《论语》《孟子》《礼记》同期的《左传》(2例)、《庄子》(1例)、《则阳》《荀子》(2例)、《大略》《韩非子》(0例)、《礼记·大学》(0例)等文献中,指示代词"斯"几乎绝迹。这种明显的对立仅用"世代之别"无法解释上述文献在"斯""此"上的对立。只能从这两组文献的对比中寻求答案。《论语》《礼记·檀弓》这两部文献用"斯",不用"此",其作者是鲁地之人,用鲁地之语,记载鲁地之事;而《左传》《韩非子》等则否,用"此",不用"斯"。这两组文献在近指代词"斯""此"上的对立,实则是地域方言的对立。由此推测,上古汉语发展至战国时期,近指代词"斯"只在鲁地的方言中沿用,而在非鲁地的方言中已经消亡。

至于《孟子》中"斯""此"混用,用"地域方言"说可以解释。孟子为邹人,而邹靠近鲁国,"斯""此"混用,当是方言接触的结果。《庄子》《荀子》中"斯"偶见,亦可以用"地域方言"说加以解释。

六、指示代词的冠词化

指示代词的语法化就是指示功能弱化的过程,伴随一系列形式改变:①语音形态的弱化,语音上倾向于轻而短;②句法功能,专用于某一句法位

❶ 王力.同源字典[M].北京:商务印书馆,1982:113-114.

置，或出现了句法强制性，在某些条件下强制性出现；③语义弱化，失掉距离语义特征；④语用功能弱化，失掉原有的直指、回指等全部或部分指示词的典型功能，发展出新的更为虚化的功能。

在世界许多语言中，定冠词是指示代词语法化的主要目标之一，几乎每一个研究指示词[1]的学者都会注意到语言中指示词和定冠词的区别与联系。Bybee（2002）指出，英语中的定冠词“the”来源于“that”，这一点几乎没有疑义。也有学者从语用功能角度推测定冠词的来源，如Diessel（1999）认为，定冠词来源于具有回指功能、作定语的指示词。

冠词是名词的指称标记，定冠词是语言中标明NP有定属性、带有一定句法强制性的形式标记。[2]

汉语中的指示成分和有冠词的语言中的定冠词拥有很多类似的语义、语用特征，可以说汉语中指示代词的冠词化一直存在，但指示成分始终没有发展出句法强制性，因而汉语中始终没有出现定冠词。汉语中指示代词的冠词化倾向不是现代汉语中才出现的，吕叔湘（1944）指出，人名、地名在《诗经》中已经仅起装饰而无指定作用的指示词。

太任有身，生此文王。维此文王，小心翼翼。（《诗·大雅》）

陟彼南山，言采其薇。（《诗·召南》）

七、指示代词的不对称现象

以往关于不对称的研究都集中在对现代汉语“这”“那”及其派生形式的使用不对称方面的描写。对于古汉语指示代词的不对称现象很少提及。

沈家煊（1999）指出就像日常生活中存在对称和不对称现象，语言中也有不对称现象。沈试图描写以及解释汉语语法的不对称现象，他认为对于像汉语这样缺乏形态的语言，分布和频率对于评断不对称显得格外重要。至于产生不对称现象的原因，沈认为语法中的不对称有生理和心理的原因，也有语言交流和语用规律的原因，“有些语用法上的不对称是形式语法

---

❶ 指示词是指示代词的上位概念。

❷ 陈玉洁. 汉语指示词的类型研究［D］. 北京：中国社会科学院，2007.

结构不对称的根源”。[1]

沈之前也有人对“这”“那”的不对称现象有所论述。吕叔湘(1984)指出:①指上文,用“这”和“那”都可以;指下文,用“这”不用“那”;②“这”可以指过去或现在,“那”只能指过去;③“这”可以复指“你、我、他”,“那”只能复指“他”。《现代汉语八百词》还指出“这”比用“那”的时候多。

徐丹(1988)也指出,在频率上“这”比“那”常用。在探讨“这/那”在句法上常出现不对称的现象时,说第三人称与“这/那”都表现出相容的关系;“这/那”的用法也是对称的,但在第一人称后,“这/那”的用法就不对称。汉语中的“这/那”当出现不对称的现象时,“那”(第182个常用字)的句法限制比“这”(第10个常用字)多;当“这/那”对称时,人们用“这”的概率也大于“那”。

沈认为汉语里“这”和肯定有一种自然的联系,“那”和否定有一种自然的联系,构成无标记组配。他还统计了《现代汉语频率词典》中“这”和“那”的使用频次:这9139,这个1226,这样1815;那3264,那个236,那样355。英语的情况跟汉语不一样,英语“that”的频率大大高于“this”。对于为什么英语和汉语会有这种差别,沈作了一个可能的解释是英语注重“距离近的差别”,而汉语注重“靠近还是离开说者”的差别。

崔应贤(1997)认为用“这”“那”这两个指示代词去指称的时候,它们往往有特定的分工:“这”用来统指整体,“那”用来列举局部;“这”所指对象的外延范围可包容“那”的所指。她通过文字材料发现总分称述事物现象的时候,“那”的使用数量则要高于“这”。

石毓智(1997)考察指示代词的另外一种用法,即它在回指前文所述内容的同时,兼任所在句子的成分,通常为话题或者小主语,与句子的其他成分发生语义或句法关系。指示代词用来回指时,句中总有一个人称代词,有两种语序:①指示代词+S+Vp;②S+指示代词+VP(AP)。在回指兼做句子成分的用法上,“这”远比“那”常见,但是两者的功能似乎没有差别。指示

---

[1] 沈家煊.不对称和标记论[M].南昌:江西教育出版社,1999:17.

代词的两种格式是话语结构和句法结构交叉作用的结果。❶

第三节　研究特点

传统语法对代词的研究主要是分析代词在句中所充当的句子成分，这种分析往往只是指明代词在句中的语法特点和造句功能，研究范围只限于句子，这是一个缺点。因为句子本身的语义和句法是需要放在句子所处的上下文里才能弄清楚的(许国璋，1991)。语法学进入篇章分析，大大增强了篇章分析的可验证性。任何一个词语和任何一个句法规则在进入语言的实际使用后便是篇章的一部分。胡明扬(1996)指出，如果把句法的范围扩大到篇章，也就是超出句子的范围，扩大到句子和句子之间，那么代词的组合功能就是一种篇章连接功能。代词还有一种语用功能，那就是在语境中的指示功能。小句与小句之间往往有着某种结构上或语义上的联系。

为此，我们尝试以春秋战国时期《左传》《国语》《论语》《墨子》《晏子》《孟子》《庄子》《荀子》《吕氏春秋》这9部传世文献为基础语料，采用穷尽性地统计分析与比较相结合的方法，在句法分析描写研究的基础上，从语用、篇章等角度，细致描述“此(斯)、是、彼、夫、之、其”等常用指示代词的指示类型。

上古汉语中的指示代词是指示功能和指称意义的交叉。单个指示代词的指示功能更为明显，指示短语中指示代词的指称意义更为显著。指示功能方面，我们对上古汉语常用指示代词进行了重新划分，首先把指示代词划分为直接指示和间接指示两部分，间接指示又划分出回指、预指的类型，并引入篇章回指中话题连续性和可及性理论中关于指称距离、显著性等概念，深入探讨各指示代词的语用功能，并试图总结出各指示代词之间的功能与形式上的差异。重点在于挖掘“此(斯)”与“是”在使用上的差别。话语标记功能方面，主要考察了“是(是故、於是等)”“然(然而)”等发展为话

❶ 梁敬美．“这一”“那一”的语用及话语功能研究[D]．北京：中国社会科学院，2002.

题标记的情况。

对指示短语中指示代词的考察，着重于是否发生如其他语言中存在的冠词化现象的探讨。此外还将考察指示代词在时间表达上的异同，进而归纳出各类指示代词的差异与不对称现象。

第四节 研究方法

（1）量化统计和个案分析相结合，一方面穷尽性统计每个指示代词的所有语例和句法表现，力求描写全面细致；另一方面对一些特殊语例和现象进行详细的个案分析，力求分析深入可靠。

（2）句法描写和功能分析相结合，一方面对指示代词的句法位置等进行详细描写，另一方面以句法描写为根据，进而运用新的功能解释来分析指示代词的句法表现。

（3）小句分析和篇章分析相结合，一方面在小句层面来描写指示代词的句法表现；另一方面又突破小句，根据篇章来确定指示代词的指示类型，寻求指示代词的指示规律。

本书属于断代共时研究，旨在突破专书研究的限制，归纳、描写指示代词在上古汉语中的统一表现。同时注意考察某些在文献分布上存在明显差异的语言现象，寻求其背后的原因。

第五节 基本语料

本书研究对象主要是春秋战国时期汉语中的常用指示代词。所以把《左传》《国语》《论语》《墨子》《晏子春秋》《孟子》《庄子》《荀子》《吕氏春秋》列为研究语料。《战国策》时代跨度太长，而且经过汉代刘向编辑，因此不列入语料范围。此外，为了避免格律因素的影响，《老子》和《楚辞》等韵文均不列为研究语料。

为了全面反映上古汉语常用指示代词的使用情况，本书选择了多种类型的文献，既有对话体居多的文献，如《论语》《孟子》等；也有独白体居多的文献，如《墨子》《荀子》等。

本书所选取的文献及其版本如下。

《春秋左传注》（杨伯峻，中华书局，1981）

《国语集解》（徐元诰，中华书局，2002）

《论语译注》（杨伯峻，中华书局，1958）

《墨子间诂》（孙诒让，中华书局，2001）[1]

《晏子春秋集释》（吴则虞，中华书局，1982）

《孟子译注》（杨伯峻，中华书局，1960）

《庄子集解》（王先谦，中华书局，1987）

《荀子集解》（王先谦，中华书局，1988）

《吕氏春秋校释》（陈奇猷，学林出版社，1984）

---

[1]《墨经》由于时代不明未列入研究范围。

第二章　相关概念及理论框架

第一节　指示代词的界定

本书采纳蒋华(2004)关于指示代词的定义,把指称人、物和情况等,并且起连接功能的词叫指示代词。在语义功能上,指示代词的核心功能是指别,这是所有指示代词都具备的功能,称代是部分指示代词的功能;句法位置上,指示代词以处于定语位置为最主要的形式,但内部存在差异:此(斯)、是,充当主宾语是自由的;彼、夫,充当主宾语是有条件的;其、之,不能充当主宾语。[1]

一、此(斯)、是

依据本文的界定,"此""是"在上古为指示代词。关于"斯",我们采用殷国光先生的观点,认为指示代词"斯"与"此"为地域差别,在考察其功能时,与"此"视为一个指示代词考虑。

二、彼、夫

1. 彼

一般语法书把它的表第三身称代用法定为第三人称代词,其余用法则定为指示代词。王力先生(1989)的看法是一律归入指示代词。[2]我们

[1] 郭锐(2002)认为"有些指示词可以作主宾语,如'这、那、此',看作指示词和名词的兼类。"本书把处于主宾语位置的情况仍视为指示代词,但分为不同的功能讨论。(郭锐. 现代汉语词类研究[M]. 北京:商务印书馆,2002.)

[2] 王力. 汉语语法史[M]. 北京:商务印书馆,1989:67.

的看法如下。

(1)“彼”对举出现时。[1]

①当句中“彼”与“此”“是”对举时,无论其处于何种句法位置,“彼”为指示代词。例如:

疆埸之邑,一彼(v)[2]一此,何常之有?(《左传·昭1》)

所敬在此,所長在彼(o),果在外,非由內也。(《孟子·告子上》)

彼(s)一時,此一時也。(《孟子·公孙丑下》)

先勝之於此,則必勝之於彼(o)矣。(《吕氏春秋·论威》)

②当句中“彼”与第一人称或第二人称代词对举时,无论其处于何种句法位置,“彼”为人称代词。例如:

彼竭我盈,故克之。(《左传·庄10》)

然公子重耳實不肯,吾又奚言哉? 殺其內主,背其外賂,彼(s)塞我施,若無天乎? 若有天,吾必勝之。(《国语·晋语三》)

雖然,彼(s)近其國,有遷;我絶慮,無遷。彼'豈能與我行此危事也哉?(《国语·吴语》)

飾攻戰者之言曰:“(彼)不能收用彼(d)眾,是故亡。我能收用我眾,以此攻戰於天下,誰敢不賓服哉?”(《墨子·非攻中》)

(2)“彼”单独出现时。

①“彼”处于主语位置,都为第三人称代词,例如:

以衆故不敢愛親,衆況厚之,彼(s)將惡始而美終,以晚蓋者也。(《国语·晋语一》)

彼(s)奪其民時,使不得耕耨,以養其父母;父母凍餓,兄弟妻子離散。

---

❶ 训诂学中一个比较重要的方法就是利用对文释义。所谓对文,就是指处在结构相似的上下两个句子中的相同位置的字和词。这样的字和词往往是同义或反义的。由于两个词所处的句法位置通常是相同的,因此词性也往往相同。本书借用这一方法作为界定指示代词的参考。

❷ 括号中为指示代词所处的句法位置:s-主语;o-宾语;v-谓语;d-定语;z-状语。

彼(s)陷溺其民,王往而征之,夫誰與王敵?(《孟子·梁惠王上》)

彼(s)信賢,境内將服,敵國且畏,夫誰暇笑哉?(《吕氏春秋·慎人》)

②“彼”处于宾语位置,指称处所的情况(多为虚拟处所),视为指示代词,例如:

有人於彼(o),修上而趨下,末僂而後耳,視若營四海。(《庄子·外物》)

商、周之國,謀失於胸,令困於彼(o)。(《吕氏春秋·先己》)

管子束縛在魯。桓公欲相鮑叔。鮑叔曰:“吾君欲霸王,則管夷吾在彼(o),臣弗若也。”(《吕氏春秋·赞能》)

其余视为第三人称代词,例如:

滕文公問曰:“齊人將筑薛,吾甚恐。如之何則可?”孟子對曰:“昔者大王居邠,狄人侵之,去之岐山之下居焉。非擇而取之,不得已也。苟為善,後世子孫必有王者矣。君子創業垂統,為可繼也;若夫成功,則天也。君如彼(o)何哉? 強為善而已矣。”(《孟子·梁惠王下》)

公孫丑曰:“道則高矣,美矣,宜若登天然,似不可及也。何不使彼(o)為可幾及而日孳孳也?”(《孟子·尽心上》)

二家召晏子,晏子無所從也。從者曰:“何為不助田、鮑?”晏子曰:“何善焉,其助之也?”“何為不助欒、高?”曰:“庸愈于彼(o)乎?”(《晏子春秋·内篇杂下》)

③“彼”处于定语位置,一律视为指示代词,例如:

彼(d)疏者有罪,戚者治之,賤者有罪,貴者治之。(《晏子春秋·内篇谏上》)

彼(d)節者有間,而刀刃者无厚;以无厚入有間,恢恢乎其於游刃必有馀地矣。(《庄子·养生主》)

彼(d)君子則不然:佚而不惰,勞而不優,宗原應變,曲得其宜,如是,然後聖人也。(《荀子·非十二子》)

(3)“彼其”连用时。

“彼其”中的“其”在一定的句子结构和环境中有不同的属性和用法。“彼其”连用最早见于《诗经》“彼其之子”。杨树达《词诠》“其”字条引“彼其之子”数例，说这种“其”是无义的句中助词。杨伯峻《古汉语虚词》“其”字条亦引“彼其之子”二例，认为“既无意思，作用也不明显，仅仅多一音节罢了”，也认为“其”是语助词。语助词“其”一般用在主谓之间，例如：

彼(s)其子重也。(《左传·成16》)

彼(s)其乎歸居。(《庄子·则阳》)

上例刘淇《助字辩略》“其”字条引“彼其子重也”数例，说“其”是“语辞”。下例吴昌莹《经词衍释》卷五“其音记”条引“彼其乎归居”为例，又引《史记·匈奴传》“彼己将率”为例，说明“彼其、彼己皆同”。而《庄子》于“父子之宜，彼其乎归居”下注曰“使彼父父子子各归其所”，也说明“其乎”为语助词，无义。❶

杨伯峻、何乐士《古汉语语法及其发展》中提及，若用“彼”作领位，一般都加助词“其”字或“之”字。例如：

彼(s)其所保與眾異，而以義譽之，不亦道乎！(《庄子·人间世》)

彼(s)其上將薄其德，民將盡其力。(《国语·越语下》)

“其”不表示领属，只起加强语气和凑足音节的作用。

还有一种情况，“其”为代词，例如：

彼(s)其發短而心甚長，其或寢處我矣。(《左传·昭3》)

杨伯峻、何乐士《古汉语语法及其发展》也提到上例，认为“其”作定语对“发”有强调作用。“彼”是大主语，“其发”和“心”是小主语。“其”表领属。

洪波《先秦指代词研究》一文中提出：“如果‘彼’后出现的不是‘之’而是‘其’，那‘彼’就不是处在领格地位了，这时它乃起指别作用；起称代作用而表示领属关系的是指代词‘其’。例如：

彼(s)其父爲戮於楚，其心又狷而不絜。(《国语·楚语下》)

上句言‘彼其父’，下句言‘其心’，足见表领属关系的仍然是‘其’字而

❶ 毛毓松. 也谈“彼其”“此其”——兼与王凡同志商榷[J]. 广西师范大学学报(哲社版)，1985(4).

非‘彼’字”。[1]

我们认为，在“彼其”格式中，“其”的不同性质，决定了“彼”的不同类别。

当“其”后直接接名词时，“其”为语助词，“彼”为第三人称代词。例如：

彼(s)其子重也。(《左传·成16》)

鄭大水，龍鬬于時門之外洧淵，國人請爲禜焉。子産弗許，曰：“我鬬，龍不我覿也；龍鬬，我獨何覿焉？禳之，則彼(s)其室也。(《左传·昭19》)

当“其”后除名词外，还有对该名词论述的谓词性成分，“其”为代词，表示领属，“彼”为指示代词。例如：

彼(s)其父爲戮於楚，其心又狷而不絜。(《国语·楚语下》)

杨伯峻先生在《古汉语虚词》“其”字条说“有时‘其’可说是多余，也可说古人行文未尝没有病句。”[2]其下举“彼其发短而心甚长，其或寝处我矣”例，认为“彼其”中的“其”冗余。如果把“彼”理解为指示代词，“其”为代词，表示领属，就不存在这一问题。那么“彼”的语法位置是什么呢？再看下例：

彼(s)其所殉仁義也，則俗謂之君子；其所殉貨財也，則俗謂之小人。(《庄子·骈拇》)

上例“彼其”《马氏文通》谓“‘彼其’二字相连，第二句‘彼’字不用，惟用‘其’字，是则‘彼’‘其’二字，名为主次，而非一语也明矣”。据此，则此句可推断为“彼，其所殉仁義也，則俗謂之君子；(彼，)其所殉貨財也，則俗謂之小人。”“彼”本是“谓”的宾语而置于主语位置，即如《马氏文通》所言“此句‘彼’乃句中之宾次，今先置焉，又以‘之’重指。”而“其”则与“所殉仁義也”连为一读，并作这个分句的主语。

我们认为“彼(s)其父爲戮於楚，其心又狷而不絜”和“彼”(s)其所殉仁義也，則俗謂之君子；其所殉貨財也，則俗謂之小人”格式相同，“彼”视为大

---

[1] 转引自杨伯峻，何乐士. 古汉语语法及其发展(修订本)[M]. 北京：语文出版社，2001：142-143.

[2] 杨伯峻. 古汉语虚词[M]. 北京：中华书局，1981：113.

主语。

2. 夫

(1)“夫”单独出现时。

①“夫”处于主语位置,为第三人称代词,例如:

桓公曰:“(夫)管夷吾射寡人中鉤,是以濱於死。”鮑叔對曰:“夫(s)爲其君動也。君若宥而反之,夫(s)猶是也。”(《国语·齐语》)

小人莫不延頸舉踵而願曰:“知慮材性,固有以賢人矣。”夫(s)不知其與己無以異也,則君子注錯之當,而小人注錯之過也。(《荀子·荣辱》)

唯簡之而不得,夫(s)已有所簡矣。(《庄子·大宗师》)

②“夫”处于定语位置,为指示代词,例如:

微夫(d)人之力不及此。(《左传·僖30》)

請東人之能與夫(d)二三有司言者,吾與之先。(《左传·文13》)

夫(d)二公子者,上大夫也,皆一卒可也。(《国语·晋语八》)

夫(d)二子營君以邪,公安得知道哉!(《晏子春秋·内篇谏下》)

当“夫+NP”格式,出现在句首时,如果该名词性成分为文章第一次提及,上文并没有出现,“夫”作句首语气词。例如:

夫王人者,將導利而布之上下者也,使神人百物無不得其極,猶日怵惕,懼怨之來也。(《国语·周语》)

夫柤、梨、橘、柚、果、蓏之屬,實熟則剝,剝則辱,大枝折,小枝泄。(《庄子·人间世》)

人之所惡者,吾亦惡之。夫富貴者,則類傲之;夫貧賤者,則求柔之。(《荀子·不苟》)

如果“夫”后的名词性成分在上文中已经出现,下文再次提及,这类“夫”我们看作指示代词,此时“夫+NP”回指前文的NP,“夫”具有指示与区别功能。例如:

章子有一於是乎?夫(d)章子,子父責善而不相遇也。責善,朋友之道也。父子責善,賊恩之大者。夫(d)章子豈不欲有夫妻子母之屬哉?為得罪於父,不得近;出妻屏子,終身不養焉。(《孟子·离娄下》)

庾公之斯學射於尹公之他，尹公之他學射於我。夫(d)尹公之他，端人也，其取友必端矣。(《孟子·离娄下》)

有殊弗知慎者。夫(d)弗知慎者，是死生存亡可不可，未始有别也。(《吕氏春秋·重己》)

(2)“夫其”连用时。

①陈述句中，“夫其”连用时。

当“其”后直接接动词性成分，“其”为语气词，“夫”为第三人称代词，例如：

越在我，心腹之疾也。壤地同，而有欲於我。夫(s)其柔服，求濟其欲也，不如早從事焉。(《左传·哀11》)

王歸，又求見，王欲執之，子西曰：“請聽其辭，夫(s)其有故。”(《国语·楚语下》)

夫(s)其爲人下也如彼，其爲人上也如此，何謂其無益於人之國也！(《荀子·儒效》)

夫(s)其多能不若寡能，其有辯不若無辯。(《吕氏春秋·离谓》)

当“其”后所接为名词性成分，且后仍有对该名词进行论述的谓词性成分，“其”作代词，表领属，则“夫”视为指示代词，例如：

役人曰：“從其有皮，丹漆若何？”華元曰：“去之！夫(s)其口衆，我寡。”(《左传·宣2》)

臣聞之，天之所啓，十世不替。夫(s)其子孫必光啓土，不可偪也。(《国语·郑语》)

②反问句中，“夫其”连用，“其”为语气词，则“夫”为指示代词，如：

故得道忘人，乃大得人也，夫(s)其非道也？知德忘知，乃大得知也，夫(s)其非德也？至知不幾，靜乃明幾也，夫(s)其不明也？大明不小事，假乃理事也，夫(s)其不假也？莫人不能，全乃備能也，夫(s)其不全也？(《吕氏春秋·审分》)

三、之、其

1. 之

“之”作为指示代词的用例比“其”要少得多，而且用法比较单一，它一般用来指示前文已经出现过的人、事、物，在句中作定语，相当于现代汉语的“这”“这个”，例如：

司城子罕以堵女父、尉翩、司齊與之，良司臣而逸之，托諸季武子，武子寘諸下。鄭人醢之(d)三人也。(《左传·襄15》)

之(d)二虫又何知？(《庄子·逍遥游》)

或曰：“后来，是良日也，之(d)子是必大吉。”(《吕氏春秋·音初》)

2. 其

指示代词“其”在句中也都处于定语位置，为“其 + N”格式。主要有以下几种情形。

(1)当N指人时，“其”为指示代词。例如：

韓厥夢子輿謂己曰：“旦辟左右！”故中御而從齊侯。邴夏曰：“射其(d)御者，君子也。”(《左传·成公二年》)

子曰：“巧言，令色，足恭，左丘明耻之，丘亦耻之。匿怨而友其(d)人，左丘明耻之，丘亦耻之。”(《论语·公冶长》)

(2)当N指物时，分为两种，如下。

一是N为具体事物，前无领属成分，则“其”为指示代词，例如：

舍其(d)梧檟，養其(d)樲棘，則為賤場師焉。(《孟子·告子下》)

晏子飲景公酒，日暮，公呼具火，晏子辭曰：“詩云：‘側弁之俄’，言失德也。‘屢舞傞傞’，言失容也。‘既醉以酒，既飽以德，既醉而出，並受其福’，賓主之禮也。‘醉而不出，是謂伐德’，賓之罪也。嬰已卜其日，未卜其(d)夜。”(《晏子春秋·内篇杂上》)

二是N为抽象事物，上文有对该抽象事物的论述，则“其”为指示代词。例如：

富与贵，是人之所欲也；不以其(d)道得之，不处也。贫与贱，是人之所

恶也;不以其(d)道得之,不去也。(《论语·里仁》)

欲見賢人而不以其(d)道,猶欲(其)入而閉之門也。(《孟子·万章下》)

根据本书的界定,在我们所要考察的9部文献中,最常见的指示代词为"此(斯)、是、之、彼、其、夫"等。文章将重点分析"此(斯)、是、之、彼、其、夫"等体词性指示代词的指示功能及其在短语中的指称意义。

第二节 指示代词的分类

一、指示类型

Levinson(1983)指出,"指示"关注的是话语如何依赖对其语境的分析而得以解释的现象。代词负载的是指示信息,离开语境,它们的意义就无法确定。这一现象充分说明了语言和使用语言的语境之间的密切关系。确实,一个不包含代词的句子,脱离语境可以解释其中成分的意义,但包含代词的句子,则无法脱离语境明确代词所指的意义,研究代词的所指只能从篇章角度考察,很多问题才能得到圆满解决。

Himmelmann(1996)从语言类型学的角度,提出了指示词具有4类普遍功能,并指出这4类功能的区分有形式上的证据。[1]

(1)情景用(situational use),指示存在于言谈参与者周围客观世界中的对象,与指示中心的相对距离相关。情景用就是一种典型的直指功能,我们按Lyons(1977)的叫法,称这种功能为直指。

(2)话语直指(discourse deictic use),指示邻接的话语片断,以命题或事件作为所指。话语直指的概念来源于Lyons(1977)所说的篇章直指。

(3)示踪用(tracking use),指示前面话语中已经提到过的对象,帮助听者追踪关涉到这个对象的信息,追踪用一般被称为回指。

(4)认同用(recognitional use),指示说话人认为听话人应该可以辨识出的对象,但并不确定听话人是否能够辨别所指。指示词的作用实际上是邀

[1] 名词的汉语翻译参考了方梅(2002)。

请听者发问进一步明确所指，或示意听者进一步确认他可辨出所指对象。

王道英（2003）运用 Levinson 指示理论中指示和非指示用法理论，Quirk 等显性和隐性理论，Bühler、Lyons 等的预指理论，Halliday 和 Hasan 的篇章衔接理论等重新确定汉语篇章中“这”“那”类短语的指示类型（如图 2–1 所示）。

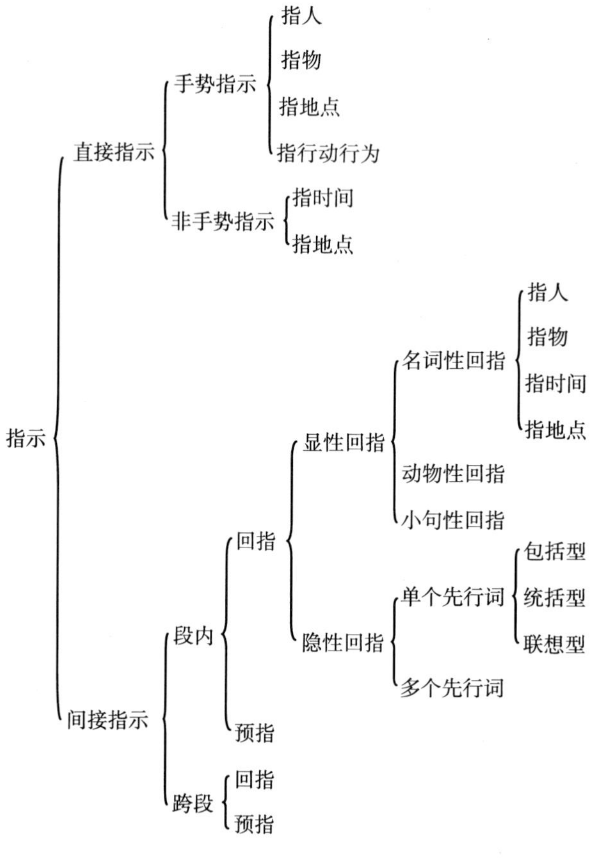

图 2–1 “这”“那”类短语的指示类型

并基于此，系统考察了它们在整个现代汉语篇章中的指代规律和倾向性规律。从汉语的角度，对建立在西方语言学基础上的指示理论加以验证、修正和补充。

我们在借鉴王道英对现代汉语“这”“那”类短语的分类基础上，也首先根据交际情景语境和上下文语境把指示分为直接指示和间接指示两个类型。直接指示对所指的理解只需知道交际发生的事件、地点在内的更大的时间、地点及参与者。间接指示的所指对象则出现在语篇上下文中。还有的指示代词其指称既不在交际情景语境,也不在上下文语境,对于它的理解只能靠百科知识语境,例如:

物无非彼,物无非是。自(彼)则不見,自知則知之。故曰:彼出於是,是亦因彼。彼是,方生之說也。雖然,方生方死,方死方生;方可方不可,方不可方可;因是因非,因非因(是)。(是)以聖人不由,而照之於天,亦因(是)也。是亦彼也,彼亦是也。彼亦一是非,此亦一是非。果且有彼是乎哉?果且无彼是乎哉?彼是莫得其偶,謂之道樞。樞始得其環中,以應无窮。是亦一无窮,非亦一无窮也。故曰"莫若以明"。(《庄子·齐物论》)

与现代汉语不同,古汉语中的所指到底是段内还是跨段比较难以作出区分,在间接指示类型分类时,不区分段内和跨段。另,隐性回指中,我们也不做单个先行词和多个先行词的区分,因为无论哪种类型的间接指示,回指语都有可能存在两个或两个以上待选先行词。

在此基础上,我们尝试对上古汉语指示代词的指示类型进行了划分[1],如下。

1. 直接指示

直接指示是指篇章中指示词语所指的参照点不在语篇上下文本身,而是存在于语境之中,借助于手势、眼神或动作行为等副语言手段和交际发生时刻所处的时间、空间等具体的交际环境中的实物所提供的信息作为参照点(何兆熊,2000)。听话人对所指事物的理解不是借助先行语,而是借助情景语境中的实物所提供的信息,包括交际时所处的时间、空间、交际参与者和交际时周围可见的物体等。

上古9部文献是作为成品的篇章语言,读者不能像在有形交际语境中那样直接进入直观的交际现场,但可以从对话或者上下文的文字叙述语境中,确定指示代词的所指。

[1] 以"此""是"等为例。

(1)指人。

①齊莊公朝,指殖綽、郭最曰:“是(s)寡人之雄也。”(《左传·襄21》)

②景公有愛女,請嫁于晏子,公迺往燕晏子之家,飲酒,酣,公見其妻曰:“此(s)子之內子耶?”(《晏子春秋·内篇杂下》)

上例“是”指代“殖綽、郭最”;下例“此”指代“其妻”。

(2)指物。

③南伯子綦游乎商之丘,見大木焉有異,結駟千乘隱,將芘其所藾。子綦曰:“此(s)何木也哉? 此(s)必有異材夫!”

④孔子觀於鲁桓公之廟,有欹器焉。孔子問於守廟者曰:“此(s)爲何器?”守廟者曰:“此(s)蓋爲宥坐之器。”(《荀子·宥坐》)

上例“此”指代“大木”;下例“此”指代“欹器”。

(3)指处所。

⑤景公遊于牛山,北臨其國城而流涕曰:“若何滂滂去此(o)而死乎!”(《晏子春秋·内篇谏上》)

⑥衛莊公立,欲逐石圃,登臺以望,見戎州而問之曰:“是(s)何為者也?”(《吕氏春秋·慎小》)

上例“此”指代“國城”;下例“是”指代“戎州”。

手势型指示绝大多数都伴有描述性的手势或眼神,如例①中的“指”、例②③⑥中的“见”、例④中的“觀”,例⑤中的“臨”,而且这些描写手势或眼神的词语都出现在话语之前。因此,我们推导出这样的指代确认规则:在有“此”“是”出现的直接引语中,如果有描述性的手势或眼神等标记性词语的出现,那么“此”“是”的所指往往是手势所指或眼睛所看到的事物或人等。

直接指示中,“是”最初只用来指称人,到战国末期发展出指称事物和处所的情况。下文将专节讨论。

2. 间接指示

(1)回指。

根据篇章回指中话题连续性理论,回指指称距离的测量,先行语必须为确定的名词性或动词性成分。由于指示代词回指的复杂性,其先行语有显性的(先行语明确),也有隐性的(先行语不明确),它不同于零形回指、人称代词回指与名词回指等单一回指形式,因此,对指示代词的回指作了下位区分。

首先把回指分为显性和隐性两种,在此基础上把显性回指区分出名词性、动词性和小句性回指三种情况。名词性回指与动词性回指,指示代词与其先行语的指称距离可以测量,通过对上古9部文献中这两类指示代词的指称距离的量化考察,并与其他回指形式进行比较,从而总结出上古汉语指示代词在这方面的特点与规律。小句性回指,其指称距离虽无法测量,但可研究指示代词在此类指示中的形式,从而比较出各指示代词在这一类型中的特点及其差异。隐性回指区分出指表时间、处所、事件或状况等,目的在于寻找各指示代词在这三方面表达上的差异。

①显性回指。

显性回指是一种对直接的、显性先行语的回指,先行语和回指项(指示代词)之间是共指关系。

a. 名词性回指。

名词性回指主要是用指示代词作为回指项替代前文中出现过的名词或名词性词组。指示代词处于主语、宾语等位置,其所指一般为处于主语或宾语位置的人、物,也有指时间、地点等的情况。

孟子曰:“仁之勝不仁也,猶水之勝火。今之為仁者,猶以一杯水救一車薪之火也;不熄,則謂之水不勝火,此(s)又與於不仁之甚者也,亦終必亡而已矣。”(《孟子·告子上》)

牛缺出而去。盜相謂曰:“此(s)天下之顯人也,今辱之如(此),此(s)必愬我於萬乘之主,萬乘之主必以國誅我,我必不生,不若相與追而殺之,以滅其跡。”(《吕氏春秋·必己》)

上文“此”分别指代“今之为仁者”与“牛缺”。

晉侯以齊侯宴,中行穆子相。投壺,晉侯先,穆子曰:“有酒如淮,有肉如坻。寡君中此(o),爲諸侯師。”中之。齊侯舉矢,曰:“有酒如澠,有肉如陵。寡人中此(o),與君代興。”亦中之。(《左传·昭11》)

相似之物，此(s)愚者之所大惑，而聖人之所加慮也。(《吕氏春秋·疑似》)

以上"此"分别指代"壶"与"相似之物"。

景王問於萇弘曰："今兹諸侯何實吉？何實凶？"對曰："蔡凶。此(H)蔡侯般弑其君之歲也，歲在豕韋，弗過此(o)矣。楚將有之，然壅也。歲及大梁，蔡復，楚凶，天之道也。"(《左传·昭11》)

若諸侯服，不過三年；不服，不過十年。過是(o)，晉之殃也。(《国语·晋语八》)

上例"此"指代"今兹"，下例"是"指代"十年"。

駟赤謂侯犯曰："衆言異矣。子不如易於齊，與其死也，猶是郈也，而得紓焉，何必此(o)？齊人欲以此(o)逼魯，必倍與子地。且盍多舍甲於子之門，以備不虞。"(《左传·定10》)

今自聊攝以東，姑尤以西者，此(s)其人民衆矣，百姓之咎怨誹謗，詛君于上帝者多矣。(《晏子春秋·内篇谏上》)

上例"此"指代"郈"地；下例"此"指代"自聊攝以東，姑尤以西者"。

楚公子茷告公曰："(此)戰也，郤至實召寡君，以東師之未至也，與軍帥之不具也，曰：'此(s)必敗，吾因奉孫周以事君。'"(《左传·成17》)

衛成公夢康叔曰："相奪予享。"公命祀相。甯武子不可，曰："鬼神非其族類，不歆其祀。杞、鄫何事？相之不享於此(o)久矣，非衛之罪也，不可以間成王、周公之命祀，請改祀命。"(《左传·僖31》)

上例"此"指代"战"；下例"此"指代"杞、鄫"。

b. 动词性回指。

动词性回指是指对前文中提到过的动词词组内的动词或整个词组的替代。[1]

僑聞學而後入政，未聞以政學者也。若果行此(o)，必有所害。譬如田獵，射御貫，則能獲禽，若未嘗登車射御，則敗績厭覆是懼，何暇思獲？(《左传·襄31》)

則夫好攻伐之君，不知此(o)為不仁義，以告四鄰諸侯曰："吾攻國覆軍，殺將若干人矣。"其鄰國之君亦不知此(o)為不仁義也，有具其皮幣，發

---

[1] 此处定义参照王道英(2005)论述。"动词性回指"即指回指对象为动词语。

其總處，使人饗賀焉。則夫好攻伐之君，有重不知此(o)為不仁不義也，有書之竹帛，藏之府庫。(《墨子·天志下》)

上例“此”指代“以政学”；下例三个“此”都指代“攻伐”。

c. 小句性回指。

代词是实现篇章衔接最主要的手段之一。它不仅可以替代上文中的名词性成分和动词性成分，还可以替代小句甚至是整个段落。本书把凡自成一读(被语音停顿隔开)的、含有述谓中心语的语言片段称为小句[1]，因此用指示代词替代前文中出现的小句或小句组合便是小句性回指。

庖有肥肉，廄有肥馬，民有饑色，野有餓莩，此(s)率獸而食人也。(《孟子·梁惠王上》)

齊人伐燕，勝之。宣王問曰："或謂寡人勿取，或謂寡人取之。以萬乘之國伐萬乘之國，五旬而舉之，人力不至於此(o)。不取，必有天殃。取之何如?"(《孟子·梁惠王下》)

上例“此”指代“庖有肥肉，廄有肥馬，民有饑色，野有餓莩”；下例“此”指代“以萬乘之國伐萬乘之國，五旬而舉之”。

②隐性回指。

隐性回指其先行语和回指项没有明显直接关联，回指项的所指不必是语篇中具体的某一个词或某一句法成分，但是先行语和回指项之间必定有意义上的联系。

a. 指时间。

隐性回指的时间指示，其参照点不在上下文中，而是存在于当前的具体交际情景中，离开了这一具体交际情景，所表示的时间就无法确定。

事君勇謀，於此(o)用之。今夕必挑戰，以廣民心。(《国语·吴语》)

於是(o)諸侯之大夫戍齊，齊人饋之餼，使魯爲其班。(《左传·桓6》)

b. 指处所。

隐性回指的处所指示是指对话双方在说话时刻共同处于同一个空间平

---

[1] 殷国光.《吕氏春秋》句子的界定[M]//殷国光. 上古汉语语法研究. 北京：中国大百科全书出版社，2002：163-164.

面或者较笼统的空间单位,这个空间单位是听话人熟悉的能看见的或能感知的地点。隐性回指中,指示代词指示处所绝大多数都处于宾语位置。

見范宣子,賦鴻雁之卒章。宣子曰:"匄在此(o),敢使魯無鳩乎?"(《左传·襄16》)

叔孫歸,曾夭御季孫以勞之。旦及日中不出。曾夭謂曾阜曰:"旦及日中,吾知罪矣。魯以相忍爲國也。忍其外,不忍其内,焉用之?"阜曰:"數月於外,一旦於是(o),庸何傷?賈而欲贏,而惡囂乎?"(《左传·昭1》)

事件总是发生在一定的时间和处所之中。时间指示和一般的人、物指示的不同之处在于,时间不是一个实体,只能依赖事件或语境中出现的具体时间才能得以表达。上文中的"此"不能算直接指示,属于一种回指,虽然上文没有出现具体时间或处所,但所有的事件都发生在一定的时间和处所中,为其提供了一个隐性的先行词。王道英把这一类归为直接指示,我们认为不妥。

c. 指事件、状况等。

指事件、状态等隐性回指不是对上文提到的某个人或事物的回指,其所在的句子往往是对上文说过事情或状态的一种总结或评论。

臧昭伯之從弟會爲讒於臧氏,而逃於季氏。臧氏執旃。平子怒,拘臧氏老。將禘於襄公,萬者二人,其衆萬於季氏。臧孫曰:"此(s)之謂不能庸先君之廟。"大夫遂怨平子。(《左传·昭25》)

大叔爲政,不忍猛而寬。鄭國多盜,取人於萑苻之澤。大叔悔之,曰:"吾早從夫子,不及此(o)。"興徒兵以攻萑苻之盜,盡殺之,盜少止。(《左传·昭20》)

上例"此"指称"將禘於襄公,萬者二人,其衆萬於季氏"反映出的状况;下例"此"指称"多盜,取人於萑苻之澤"的不安定状态。

还有的要求读者根据常识和语境推断出回指项(指示代词)和先行项之间隐密的照应关系。

陳公子招歸罪於公子過而殺之。九月,楚公子棄疾帥師奉孫吴圍陳,宋戴惡會之。冬十一月壬午,滅陳。輿嬖袁克殺馬毁玉以葬。楚人將殺之，請寘之。既又請私。私於幄，加絰於顙而逃。使穿封戌爲陳公，曰：“城麇之役不諂。”侍飲酒於王，王曰：“城麇之役，汝知寡人之及此(o)，汝其辟寡人乎！”對曰：“若知君之及此(o)，臣必致死禮以息楚國。”(《左传·昭8》)

“及此”即“为王”。城麇之役，戌囚皇颉，时灵王为公子，与戌争皇颉。

我们认为王道英关于隐性回指的区分在语法分析上看意义不大，因此不作包括、统括、联想等下位区分。

(2)预指。

预指是指指示代词或短语在所指对象之前出现的一种指示类型。

今天下之士君子，皆明於天子之正天下也，而不明於天之正天子也。是故古者聖人明以此(o)說人曰：“天子有善，天能賞之；天子有過，天能罰之。”(《墨子·天志下》)

黄帝曰：“異哉小童！非徒知具茨之山，又知大隗之所存。請問爲天下。”小童曰：“夫爲天下者，亦若此(o)而已矣，又奚事焉？予少而自游於六合之內。予適有瞀病，有長者教予曰：‘若乘日之車而游於襄城之野。’今予病少痊，予又且復游於六合之外。”(《庄子·徐无鬼》)

上例“此”指代下文“天子有善，天能賞之；天子有過，天能罰之”；下例“此”指代下文所述“若乘日之車而游於襄城之野”。

基于以上分析，我们把上古汉语指示代词的类型如图2-2所示进行划分。

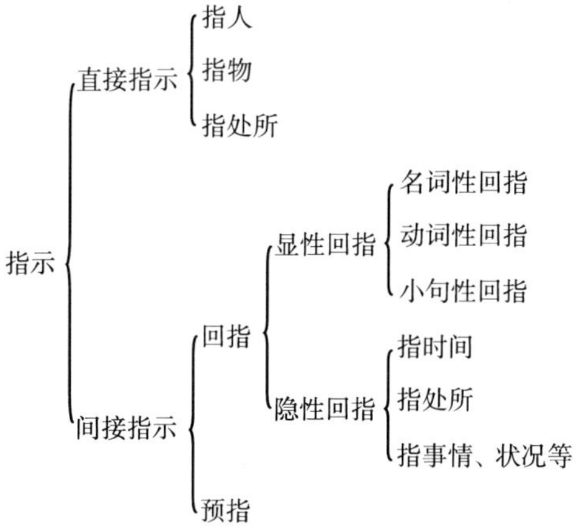

图2-2 上古汉语指示代词的类型

二、指示对象的确定

直接指示根据上文的界定比较容易确定。间接指示的确定主要是指示代词回指对象的确定。回指是两个语言成分之间的关系。回指对象指语境中与指示代词具有相同指称内容的句法成分。回指对象可以是词、短语,也可以是小句或小句组合。回指现象出现在篇章语境之中,因此,确定回指对象离不开篇章语境。

我们确定回指对象的依据有两个:一是意义,二是形式。意义指回指项所在小句中谓语核心的意义;形式指语篇中具有衔接、连贯作用的词语和句式。下面以意义为例,加以说明。

晉侯以齊侯宴,中行穆子相。投壺,晉侯先,穆子曰:“有酒如淮,有肉如坻。寡君中此(o),爲諸侯師。”中之。齊侯舉矢,曰:“有酒如澠,有肉如陵。寡人中此(o),與君代興。”亦中之。(《左传·昭11》)

“中”,本义是里面的意思,《说文》:“中,内也。”后引申出“正对上、恰好合上”的含义,此处“中”的句中含义为“投中”。动词“中”联系两个语义角色:施事—投的人,受事—投中的物体。投的人已经出现,为“寡君”,那么“此”为投中的物体。

依据回指对象所当具备的语义特征,从指示代词所在小句开始,向左寻找符合语义特征的回指对象。上例中,符合“物体”这一语义特征的回指对象有“壶”“酒”“淮”“肉”“坻”。“淮”是用来形容“酒”的,“坻”是用来形容“肉”的,“淮”“坻”都不是具体存在的事物,因而不可能是投中的对象。

依据语义、语境、逻辑推理等验证回指对象。上例中,说话者说话的背景就是在进行“投壶”这一游戏,因此,“投中”的对象,肯定就是“壶”,而不应该是“酒”或“肉”。最终确定“此”的回指对象为“壶”。

第三章　指示代词的指示功能研究

本章分别描写了各类指示代词的句中位置及其指示类型，并在此基础上分析其指示特点和功能，从而总结出同类指示代词的指示规律及不同指示代词之间的功能差异。

汉语中的指示形式除单独使用指示代词外，也有“指示代词 + NP”与“指示代词 + VP”的情况。指示短语一般都是话语中的已知信息，通常作为话题，因而指示代词很容易和其他话题标记一起出现，指示代词也可能发展为话题标记。指示短语中的指示代词只具有指示作用，而不具有回指功能。许余龙（2004）以现代汉语为研究对象，得出从句法位置分布和语法功能来看，指示短语与单独使用的指示词有较大的区别，与代词较为相似。指示短语既可以出现在动词的前面，也可以出现在动词的后面；既可以用做小句的主语，也可以用做谓语动词和副动词的宾语。而单个指示词主要出现在小句的主语/主题位置上。[1]虽然他的研究是以现代汉语为对象，但这一区分在古汉语中也同样必需。

季孫曰：“異哉子叔疑！使己為政，不用，則亦已矣，又使其子弟為卿。人亦孰不欲富貴？而獨於富貴之中有私龍斷焉。”古之為市也，以其所有易其所無者，有司者治之耳。有賤丈夫焉，必求龍斷而登之，以左右望而罔市利。人皆以為賤，故從而征之。征商自此賤丈夫始矣。（《孟子·公孫丑下》）

我们认为“此贱丈夫”中的“此”不具有称代功能，与其后的名词结合后才能在上文找出先行语，然而整个短语的回指并不能看作指示代词“此”本身的指示特点。“此”在这里的作用是表示有定和指别。

因此，指示短语的指称情况将与单个指示代词的指称分开考察，指示短语的情况将在第四章分析。

---

[1] 许余龙. 篇章回指的功能语用探索[M]. 上海：上海外语教育出版社，2004：233.

第一节　此(斯)、是

一、句法分布及其指示类型

我们统计了《左传》《国语》《论语》《墨子》《孟子》《晏子春秋》《庄子》《荀子》《吕氏春秋》这9部文献中“此(斯)”“是”的句法分布及指示类型,并加以分析,见表3-1、表3-2。

表3-1　“此(斯)”的句法分布及指示类型

(单位:例)

指示类型				句法位置					
				s	o	d	v	z	总计
直接指示	人			6	1	—	—	—	7
	物			17	3	—	—	—	20
	地点			5	2	—	—	—	7
间接指示	回指	显性回指	名词性	92	94	—	—	—	186
			动词性	2	12	—	—	—	14
			小句性	498	246	3	2	—	749
		隐性回指	时间	5	29	—	—	2	36
			处所	—	103	1	—	4	108
			事情等	283	531	17	2	—	833
	预指			2	5	1	—	1	9
总计				1000	1026	22	4	7	1969

表3-2　“是”的句法分布及指示类型

(单位:例)

指示类型		句法位置					
		s	o	d	v	z	总计
直接指示	人	9	—	—	—	—	9
	物	1	—	—	—	—	1
	地点	2	—	—	—	—	2

（续表）

指示类型				句法位置					
				s	o	d	v	z	总计
间接指示	回指	显性回指	名词性	149	113	8	28	—	298
			动词性	1	2	—	4	—	7
			小句性	1069	288	12	46	—	1415
		隐性回指	时间	1	65	—	—	—	66
			处所	—	11	—	—	—	11
			事情等	193	247	28	36	1	505
	预指			—	—	—	—	—	—
总计				1425	726	48	114	1	2314

表3-1和3-2显示，“此（斯）”的句法位置序列为宾语>主语>定语>状语>谓语，该序列表明“此（斯）”处于宾语位置的比例最高，其次为主语、定语、状语等位置，处于谓语位置的比例最低；“是”的句法位置序列为主语>宾语>定语>谓语>状语，以处于主语位置比例最高，其次为宾语、定语、谓语，处于状语位置的情况最少。有人说：“在‘是’‘此’两字中，作指示形容词（按，即作定语）和宾语的用法以‘此’为多，作主语的用法以‘是’字为多。”[1]这一结论与我们的考察基本吻合。殷国光先生在《〈吕氏春秋〉词类研究》中指出：“《吕》中，充当定语以‘是’字为多，充当主、宾语以‘此’为多”。[2]处于谓语位置的情况与我们考察的结果相同。可见，前者因书而异，后者是共同的特点。

“此（斯）”“是”的指示类型都以间接指示为主（此98.3%；是99.5%），正如Gundel（2004）所说：“指示代词主要拥有非名词性先行词，其与先行词之间的关系绝大多数是间接的。”[3]同时我们也要考虑到，由于上古文献是书

[1] 洪波. 先秦指代词研究[M]//杨伯峻，何乐士. 古汉语语法及其发展，北京：语文出版社，1989：148-149.

[2] 殷国光.《吕氏春秋》词类研究[M]. 北京：商务印书馆，2008：272.

[3] Jeanette K. Gundel, Nancy Hedberg, Ron Zacharski. Demonstrative Pronouns in Natural Discourse[C]. Proceedings of the 5th Discourse Anaphora, 2004.

面语料，因此也可能是间接指示成为多数的原因之一。

“此（斯）”和“是”的不同，就指示类型的统计数据来看，表现在如下几方面。

首先，直接指示中“此（斯）”的出现频率要高于“是”，“此（斯）”主要处于主语位置（82.4%），指物为主（85.0%），“是”则主要处于主语位置（100%），指人的情况为多（75.0%）。

其次，间接指示中“此”显性回指（49.0%）和隐性回指（50.5%）的比例相近，而“是”显性回指的比例（74.7%）大大超过隐性回指（25.3%）。可见，“是”回指时，“是”比“此（斯）”更倾向于出现在回指对象明确的语境。

再次，隐性回指中，“此（斯）”与“是”都以处于宾语位置为主［“此（斯）”67.9%，“是”55.5%］，“此（斯）”多数用来指称处所和事件等，“是”则主要用来指称时间和事件等。“此（斯）”“是”在时间和处所的表达上显示出差异：“此（斯）”指称处所的频率（103 例）高于指称时间的频率（29 例），而“是”指称时间的频率（65 例）要高于指称处所的频率（11 例）。

通过第二章分析可知，显性回指与隐性回指的差异明显。显性回指是在语境中有明确的回指对象的情况；隐性回指是在语境中没有明确的回指对象的情况。把显性回指区分出名词性、动词性、小句性回指，隐性回指区分出时间、地点等类别，目的是为下文进一步分析指示代词的指示特点奠定基础。

名词性回指与动词性回指，指示代词与其先行语的指称距离可以测量，通过对上古 9 部文献的这两类指示代词的指称距离的量化考察，并与零形回指等进行比较，从而总结出上古汉语指示代词在这方面的特点与规律。小句性回指，其指称距离虽无法测量，但可通过研究指示代词在此类指示中的形式，从而比较出各指示代词在这一类型中的特点及其差异。

最后，“此（斯）”有预指的情况，而“是”在本书的考察范围内未见。

二、指示特点及其规律

1. 直接指示

《马氏文通》云:“至‘是’‘此’二字,却有不可互易之处。凡前文事理,不必历陈目前,而为心中可意者,即以‘是’字指之,前文事理有形可迹,且为近而可指者,以‘此’字指之。”[1]

这一说法在西周时期的语料中得以印证。张玉金(2006:225)指出,西周语料中的“是”基本上都是用于话语复指的,实际上就是回指。并且指出(2006:258),“此”可以与“彼”对立的用于一句之中,而“是”没有这类用法。据此,陈玉洁(2007)认为“是”主要用于篇章而不是现场直指功能,说明它的功能比较靠近冠词而不是指示词。“心中可意”,即非现场直指而是依赖共享知识所能确定的有定,与具有直指或回指功能的“此”(有形可迹,且为近而可指)构成对立。

考察春秋战国9部文献,与上文表述并不完全相符。“是”也有直接指示的情况,[2]如下。

叔魚生,其母視之,曰:“是(s)虎目而豕喙,鳶肩而牛腹,谿壑可盈,是(s)不可饜也,必以賄死。”遂不視。(《国语·晋语八》)

且夫耳目知巧,固不足恃,惟修其數、行其理為可。韓昭釐侯視所以祠廟之牲,其豕小,昭釐侯令官更之。官以是豕來也,昭釐侯曰:“是(s)非嚮者之豕邪?”官無以對。命吏罪之。(《吕氏春秋·任数》)

这一点张玉金先生(2006)也提到,虽然西周汉语中“是”不用于现场直指,但春秋战国时期却发展出了直指功能。而且,“彼”也有与“是”对立使用的情况,如下。

物无非彼,物无非是。自(彼)則不見,自知則知之。故曰:彼出於是,是亦因彼。彼是,方生之說也。雖然,方生方死,方死方生;方可方不可,方不可方可;因是因非,因非因(是)。(是)以聖人不由,而照之於天,亦因(是)

---

[1] 马建忠. 马氏文通[M]. 北京:商务印书馆,1983:53.

[2] 殷国光.《吕氏春秋》词类研究[M]. 北京:商务印书馆,2008:269.

也。是亦彼也，彼亦是也。彼亦一是非，此亦一是非。果且有彼是乎哉？果且无彼是乎哉？彼是莫得其偶，謂之道樞。樞始得其環中，以應无窮。是亦一无窮，非亦一无窮也。故曰“莫若以明”。(《庄子·齐物论》)

尽管“是”在春秋战国发展出直指功能，然而“此(斯)”直接指示的比例(1.9%)比“是”(0.8%)稍高。即直接指示的情况，用“此(斯)”的情况更多。Hasse(2001)明确指出，指示词是指示姿势的语法化，即指示词原始的基本功能就是直指，指示当下或现场的对象。[1]因此，当指示代词表示直接指示时，其指示功能是最强的。据此，我们认为“此”的指示性要强于“是”。

表直接指示的“是”在9部文献中出现的频率考察如表3-3所示。

表3-3　表直接指示的“是”在9部文献中出现的频率

(单位：例)

所指	文献								
	左传	国语	论语	墨子	孟子	荀子	庄子	晏子	吕氏春秋
人	1	2	3	—	—	—	1	2	—
物	—	—	—	—	—	—	—	—	1
处所	—	—	—	—	—	—	—	—	2

由表3-3可见，“是”发展出直指功能，最先是从指人开始的，到战国末期，发展出指示事物、处所的情况。举例如下。

韓昭釐侯視所以祠廟之牲，其豕小，昭釐侯令官更之。官以(是)豕來也，昭釐侯曰：“是(s)非嚮者之豕邪？”官無以對。(《吕氏春秋·任数》)

衛莊公立，欲逐石圃，登臺以望，見戎州而問之曰：“是(s)何為者也？”(《吕氏春秋·慎小》)

那么“此(斯)”和“是”的直接指示在分别指称人、物、处所时，其在句法分布上是否有不同呢？(如表3-4、表3-5所示)

[1] 陈玉洁. 指示词的类型学考察[D]. 北京：中国社会科学院，2007：25.

表 3-4 直接指示中"此(斯)"的句法、语义分布

(单位:例)

句法位置	所指		
	人	物	处所
主语	6	17	5
宾语	1	3	2

表 3-5 直接指示中"是"的句法、语义分布

(单位:例)

句法位置	所指		
	人	物	处所
主语	9	1	2
宾语	0	0	0

按两表统计,"此(斯)""是"用于直接指示时各自所处的句法位置存在差异,"此(斯)"直接指称人、物、处所等时,既可以处于主语位置,也可以处于宾语位置,举例如下。

景公有愛女,請嫁于晏子,公迺往燕晏子之家,飲酒,酣,公見其妻曰:"此(s)子之內子耶?"(《晏子春秋·内篇杂下》)

南伯子綦游乎商之丘,見大木焉有異,結駟千乘隱,將芘其所藾。子綦曰:"此(s)何木也哉?此(s)必有異材夫!"(《庄子·人间世》)

使者曰:"此(s)顏闔之家與?"顏闔對曰:"此(s)闔之家也。"(《庄子·让王》)

以上"此"处于主语位置指称人、物及处所。

齊侯陳諸侯之師,與屈完乘而觀之。齊侯曰:"豈不穀是爲?先君之好是繼,與不穀同好如何?"對曰:"君惠徼福於敝邑之社稷,辱收寡君,寡君之願也。"齊侯曰:"以(此)衆戰,誰能禦之?以此(o)攻城,何城不克?"(《左传·僖4》)

子在川上曰:"逝者如斯(o)夫,不舍昼夜!"(《论语·子罕》)

景公遊于牛山,北臨其國城而流涕曰:"若何滂滂去此(o)而死乎!"

(《晏子春秋·内篇谏上》)

以上"此"处于宾语位置指称人、物、处所。

而考察9部文献,"是"无论是指称人、物、处所,都只见处于主语位置的情况,举例如下。

齊莊公朝,指殖綽、郭最曰:"是(s)寡人之雄也。"(《左传·襄21》)

韓昭釐侯視所以祠廟之牲,其豕小,昭釐侯令官更之。官以(是)豕來也,昭釐侯曰:"是(s)非嚮者之豕邪?"官無以對。(《吕氏春秋·任数》)

衛莊公立,欲逐石圃,登臺以望,見戎州而問之曰:"是(s)何為者也?"(《吕氏春秋·慎小》)

2. 间接指示

(1)名词性回指。

指称距离,是指回指形式(指示代词)和它的先行语(一个所指的两次提及)之间所间隔的小句的数目。

丘聞之:昔禹致羣神於會稽之山,防風氏後至,禹殺而戮之,其骨節專車。此(s)爲大矣。(《国语·鲁语下》)

此处,"此"的先行语"其骨"在其紧邻上句中,间隔一个小句,故指称距离为1。当先行词位于从指示代词开始的第二个小句时,间隔的小句计为2。

夫一道術學業,仁義者(他本均作也),皆大以治人,小以任官,遠施周偏,近以脩身,不義不處,非理不行,務興天下之利,曲直周旋,不利則止,(此)[1]君子之道也。以所聞孔某之行,則本與此(o)相反謬也。(《墨子·非儒下》)

第二个"此"指称上文"君子之道"。依此类推。

有两种情况需要注意:一是指称距离为零的情况,例如:

君命其臣,據其肩以盡其力,臣敢不勉乎!今有之家,此(s)一國之權臣也,人人以君命命之曰:"將以而所傅為子。"(《晏子春秋·内篇谏上》)

賞罰之柄,此(s)上之所以使也。(《吕氏春秋·义赏》)

---

[1] 例句中,括号中的指示代词不是此句所要讲的指示代词。

“此”与其所指在同一句。❶

二是多个指示代词连用，指称距离为指示代词与上一个指示代词的距离，例如：

民之本教曰孝，其行孝曰養。養可能也，敬為難。敬可能也，安為難。安可能也，卒為難。父母既沒，敬行其身，無遺父母惡名，可謂能終矣。仁者仁此(o)者也，禮者履此(o)者也，義者宜此(o)者也，信者信此(o)者也，彊者彊此(o)者也。樂自順此(o)生也，刑自逆此(o)作也。(吕氏春秋·孝行)

第一个“此”指称上文的“孝”，指称距离大于10，接下来的“此”都是指上文的“孝”，但指称距离为1。

名词性回指中“此(斯)、是”的指称距离的情况统计如表3-6所示。

表3-6　名词性回指中“此(斯)”“是”的指称距离

（单位：例）

指示代词	指称距离												
	0	1	2	3	4	5	6	7	8	9	10	>10	平均距离
此(斯)	15	89	31	26	5	6	3	1	2	1	1	5	2.29
是	37	116	70	30	12	11	6	4	3	2	1	8	2.43

❶ 关于小句的界定，我们参照殷国光《〈吕氏春秋〉句子的界定》(《上古汉语语法研究》，中国大百科全书出版社，2002年)。凡自成一读(被语音停顿隔开)的、含有核心(述谓中心语)的独立的语言片段，我们视为小句。语音停顿是界定小句的重要形式标准，小句句界应划在语音停顿处。但上古文献语言何处当“读”(句中停顿)，何处当“句”(句间停顿)，大多缺乏形式标志；因此，语音停顿不能独立作为界定小句的标准。界定小句，停顿之外，必须引入句法标准。句法标准是确立小句的主要依据，即：一个小句必须含有核心。述谓中心语是小句的核心。一个带有停顿的语言片段，只有含有述谓中心语才被视为小句，否则视为非句。小句在语法结构上是独立的，如果一个语言片段包含在一个更大的语法结构中，视为句子成分。被代词回指的语言片段，其结构中含有述谓中心语，且为动词性的，则视为小句，如：王不受箬，是废先王之令也。(《吕氏春秋·直谏》)；否则不视为小句，如賞罰之柄，此上之所以使也。(《吕氏春秋·义赏》)

"此(斯)""是"名词性回指的平均指称距离非常接近。比照 MAO-CHEN MAO(2003)《左传零形回指研究》中对各类回指形式指称距离的统计,零形回指的平均指称距离为1.33,名词回指的指称距离为5.88,不难看出,就指称距离来看,指示代词的指称距离是介于零形回指和名词回指中间的一种形式。

考察先行语与指示代词的占位❶情况,如表3-7所示。

表3-7　先行语与"此(斯)""是"的占位情况

(单位:例)

先/指句法位置	指示代词					
	此(斯)			是		
	<=3 ❷	>3	总计	<=3	>3	总计
主语 - 主语	43	7	50	60	12	72
宾语 - 宾语	53	9	62	58	6	64
宾语/旁语 ❸—主语	36	5	41	64	13	77
主语—宾语/旁语	22	3	25	46	5	51
旁语—旁语	—	—	—	5	2	7
旁语—宾语	8	—	8	22	2	24

由表3-7可见,"此(斯)"不论是指称距离≤3,还是>3,先行语与"此(斯)"的占位以"宾语—宾语"形式所占比重最多;先行语与"是"占位情况以"宾语/旁语—主语"为最多,当指称距离>3时,这一特征尤为明显。

蒋平(2003)认为,❹先行语与回指语的占位关系与可及性的高低可以呈现以下等级体系:主语—主语>宾语—宾语>主语—宾语/旁语>宾语/旁语—主语>旁语—旁语。

❶ 先行语与指示代词分别所占据的句法位置。

❷ 此处表示指称距离。

❸ 旁语为除主语、宾语(含介词宾语)外的其他句法成分。

❹ 蒋平. 影响先行语可及性的因素[J]. 外国语,2003(5).

这个等级体系表明,在一般情况下,越是左边的关系越趋向于使用高可及性标示语,越是右边的关系越趋向于使用低可及性标示语。

如果这一结论成立,“此(斯)”以“宾语—宾语”情况最多,“是”以“宾语/旁语—主语”最多。这意味着“此(斯)”为比“是”可及性高的标示语。“此(斯)”与先行语的联系更紧密,指示性要强于“是”。

回指语与先行语之间的指称距离越近,回指对象越明确,然就上文统计来看,还有相当的比例“此(斯)”“是”回指距离大于3:“此(斯)”24例(12.7%),“是”41例(14.8%)。

当指称距离大于3时,“此(斯)”“是”指称的差别在于“宾语-宾语”和“宾语/旁语—主语”这两种占位情况,下面试作分析。

先行语与“此(斯)”所处的位置为“宾语—宾语”的情况,举例如下。

吾子其奉許叔以撫柔此民也,吾將使獲也佐吾子。若寡人得没于地,天其以禮悔禍于許,無寧兹許公復奉其社稷,惟我鄭國之有請謁焉,如舊昏媾,其能降以相從也。無滋他族實偪處此(o),以與我鄭國争此土也。(《左传·隐11》)

諸侯之師久於偪陽,荀偃、士匄請於荀罃曰:“水潦將降,懼不能歸,請班師。”知伯怒,投之以机,出於其間,曰:“女成二事,而後告余。余恐亂命,以不女違。女既勤君而興諸侯,牽帥老夫以至于此(o),既無武守,而又欲易余罪,曰:‘是實班師。不然,克矣。’余羸老也,可重任乎? 七日不克,必爾乎取之!”(《左传·襄10》)

爲之歌魏,曰:“美哉,渢渢乎! 大而婉,險而易行,以德輔此(o),則明主也。”(《左传·襄29》)

見舞韶箾者,曰:“德至矣哉,大矣! 如天之無不幬也,如地之無不載也。雖甚盛德,其蔑以加於此(o)矣。觀止矣。若有他樂,吾不敢請已。”(《左传·襄29》)

楚子享公于新臺,使長鬣者相。好以大屈。既而悔之。薳啓疆聞之,見公。公語之,拜賀。公曰:“何賀?”對曰:“齊與晉、越欲此(o)久矣。寡君

無適與也，而傳諸君。君其備禦三鄰，慎守寶矣，敢不賀乎？”公懼，乃反之。(《左传·昭7》)

晉侯以齊侯宴，中行穆子相。投壺，晉侯先，穆子曰：“有酒如淮，有肉如坻。寡君中此(o)，爲諸侯師。”中之。齊侯舉矢，曰：“有酒如澠，有肉如陵。寡人中此(o)，與君代興。”亦中之。(《左传·昭12》)

今唯無以厚葬久喪者為政，國家必貧，人民必寡，刑政必亂。若法若言，行若道，使為上者行此(o)，則不能聽治；使為下者行此，則不能從事。(《墨子·节葬下》)

以上“此”的先行语都为对话的焦点，“许”“偪陽”都为说话人所处的地点；“魏”“韶箾”“大屈”“壶”“厚葬久喪者”，都是说话人所谈论的内容。

先行语与“是”所处的位置为“宾语/旁语—主语”的情况，举例如下。

昔帝鴻氏有不才子，掩義隱賊，好行凶德，醜類惡物，頑嚚不友，是(s)與比周，天下之民謂之渾敦。(《左传·文18》)

初，叔向欲娶於申公巫臣氏，其母欲娶其黨。叔向曰：“吾母多而庶鮮，吾懲舅氏矣。”其母曰：“子靈之妻殺三夫，一君、一子，而亡一國、兩卿矣，可無懲乎？吾聞之：‘甚美必有甚惡。’是(s)鄭穆少妃姚子之子，子貉之妹也。(《左传·昭28》)

十五年，有神降於莘。……王曰：“今是(s)何神也？”(《国语·周语上》)

公子親筮之，曰：“尚有晉國。”得貞屯悔豫，皆八也。筮史占之，皆曰：“不吉。閉而不通，爻無爲也。”司空季子曰：“吉。是(s)在周易，皆利建侯。不有晉國，以輔王室，安能建侯？”(《国语·晋语四》)

魯哀公問於仲尼曰：“衛有惡人焉，曰哀駘它。丈夫與之處者，思而不能去也。婦人見之，請於父母曰：‘與爲人妻寧爲夫子之妾’者，十數而未止也。未嘗聞有其唱者也，常和人而已矣。无君人之位，以濟乎人之死，无聚祿以望人之腹。又以惡駭天下，和而不唱，知不出乎四域，且而雌雄合乎前。是(s)必有異乎人者也。寡人召而觀之，果以惡駭天下。與寡人處，不至以月數，而寡人有意乎其爲人也；不至乎期年，而寡人信之。國无宰，寡人傳國焉。悶然而後應,氾而若辭。寡人醜乎,卒授之國。无幾何也,去寡人而行。寡人恤焉若有亡也,若无與樂是國也。是(s)何人者也?"(《庄子·德充符》)

宋元君將畫圖,眾史皆至,受揖而立,舐筆和墨,在外者半。有一史後至者,儃儃然不趨,受揖不立,因之舍。公使人視之,則解衣般礴,臝。君曰:"可矣,是(s)真畫者也!"(《庄子·田子方》)

以上"是"处于主语位置,其先行语"不才子""申公巫臣氏""神""貞屯悔豫""哀駘它""一史後至者"都为谈论的话题。

为何"此(斯)"指称前文宾语位置的谈论焦点时,以处于宾语位置为主,而"是"指称前文宾语位置的话题时以处于主语位置为多呢?

为此我们引进显著度的概念。[1]关于句法位置和显著度的关系,Keenan 和 Comrie(1977)曾提出一个"主语 > 直接宾语 > 间接宾语 > 旁语"的等级体系。这个体系原用于说明在定语从句化过程中提取以上各成分作中心词的难易度。一般来说,提取等级左边的成分相对于提取等级右边的成分更加不受限制。但 Keenan 和 Comrie 认为,在运用其他句法规则时,位于左边的名词性成分也总是比位于右边的名词性成分具有更大的适应性。并认为这是世界语言的一条普遍规则。汉语也遵守这一规则。[2]

❶ 显著度的概念来源于可及性理论,以 Ariel(1988,1994)为代表。Ariel 把篇章中使用的指称词语视为可及性标示语。可及性理论认为篇章中回指语的选择是由先行语(回指对象)的可及性决定的,先行语的可及性越高,越有可能编码为高可及性标示语。她认为影响先行语可及性的因素有四个:间隔距离、竞争度、显著性、一致性。①间隔距离指回指语和先行语之间间隔的距离。②竞争度指回指语和先行语之间存在的可竞争作为先行语的名词短语的数量。③显著性指先行语在句子或语篇中的地位。④一致性指回指语与先行语是否同处于一个相同的认知心理框架。Ariel(1994)认为上述4个因素,有些反映同一事实,如间隔距离和一致性反映的是关系的远近;竞争度和显著性反映先行语的显著性。因此,在实际操作中,Ariel 趋向于将间隔距离和一致性归纳为回指语和先行语之间的联系性,将竞争度和显著性归纳为先行语的显著性。

❷ 蒋平. 影响先行语可及性的因素[J]. 外国语,2003(5).

殷国光(2002)也有类似表述:“句型成分在句型中的价值存在差异,可以描写如下:述谓中心语>主语>宾语>补语。序列左边的成分在句型系统中的价值高于右边的成分。”[1]这表明句子中,述谓中心语之外,主语、宾语等句法成分地位较高,具有高显著性。其他,如补语、定语等,则显著性较低。

在指称同处于宾语位置的先行语,即先行语的显著性相同的情况下,指称距离大于3时,一般选择处于宾语位置的“此(斯)”指称,选择处于主语位置的“是”指称,“此(斯)”处于比“是”不显著的位置,却指称具有相同显著度位置的人或事物,正如上文所说,显著性越高,信息则越容易提取,可见,“此(斯)”的指示性要强于“是”。

此外,我们还发现,“此(斯)”与“是”指称距离大于3时,当“此(斯)”与“是”都处于主语位置,其与先行语之间间隔的成分同是对于先行语的描述,存在如下的对立现象。

“此(斯)”的先行语(80.0%)一般处于宾语位置,如:子墨子見王,曰:“今有人於(此),舍其文軒,鄰有敝轝,而欲竊之;舍其錦繡,鄰有短褐,而欲竊之;舍其粱肉,鄰有糠糟,而欲竊之。此(s)為何若人?”(《墨子·公输》)

今君之蓄勇力之士也,上無君臣之義,下無長率之倫,內不以禁暴,外不可威敵,此(s)危國之器也,不若去之。(《晏子春秋·内篇谏下》)

上例“此”的先行语为“人”,“舍其文軒,鄰有敝轝,而欲竊之;舍其錦繡,鄰有短褐,而欲竊之;舍其粱肉,鄰有糠糟,而欲竊之”是对“人”的特征的描述;下例“此”指称上文“勇力之士”,“上無君臣之義,下無長率之倫,內不以禁暴,外不可威敵”是对“勇力之士”品行的描述。指示代词所在的小句,是在上文描述的基础上,对“人”“勇力之士”作出的判断。

“是”的先行语一般(66.7%)处于主语位置,例如:

---

❶ 殷国光. 关于《吕氏春秋》句型研究的若干问题[M]//殷国光. 上古汉语语法研究. 北京:中国大百科全书出版社,2002:187.

散木也，以爲舟則沈，以爲棺槨則速腐，以爲器則速毀，以爲門戶則液樠，以爲柱則蠹。是(s)不材之木也，无所可用，故能若是之壽也。(《庄子·人間世》)

魯有兀者王駘，從之游者與仲尼相若。常季問於仲尼曰："王駘，兀者也，從之游者，與夫子中分魯。立不教，坐不議，虛而往，實而歸。固有不言之教，无形而心成者邪？是(s)何人也？(《庄子·德充符》)

上例"是"先行语为"散木"，"以爲舟則沈，以爲棺槨則速腐，以爲器則速毀，以爲門戶則液樠，以爲柱則蠹"是对先行语"散木"功用的描述，指示代词"是"所在小句是在上文描述基础上对先行语所下的结论。下例"是"指代上文"王駘"，"兀者也，從之游者，與夫子中分魯。立不教，坐不議，虛而往，實而歸。固有不言之教，无形而心成者邪"也是对先行语"王駘"行为等的描述。

从语用层面分析，句子包含"主题—解释"两个部分，一个完整的、独立的"主题—解释"就是一句。复句中的一串小句往往共有一个"主题"，当后续小句提及发端小句的"主题"时，一般采用回指形式，与发端小句取得照应，从而构成一个"主题链"：主题——(解释1，解释2，解释3……)。[1]

以上文《墨子·公输》中语句为例，"今有人於(此)，舍其文軒，鄰有敝轝，而欲竊之；舍其錦繡，鄰有短褐，而欲竊之；舍其粱肉，鄰有糠糟，而欲竊之。"为完整的一句，"人"为主题，"舍其文軒，鄰有敝轝，而欲竊之；舍其錦繡，鄰有短褐，而欲竊之；舍其粱肉，鄰有糠糟，而欲竊之"为解释。

层级理论认为篇章中回指语的选择是由话语的层级结构决定的。同一层级结构内倾向于使用简化的回指形式。谈论同一话题的、连贯的一组小句(往往以主语相同为标志)处于同一层面。[2]该句解释部分，都采用零形回指形式。形式上，采用一组节律齐整、结构相同(或相近)、语义相关并列的排比句相互映衬，表达一个相对完整的意思。"解释"与"主题"联系紧

❶ 殷国光.《吕氏春秋》句子的界定[M]//殷国光. 上古汉语语法研究. 北京：中国大百科全书出版社，2002：166.

❷ 殷国光，刘文霞. 左传篇章零形回指研究[J]. 语文研究，2009(3).

密。下文“此(s)為何若人?”句中“此”即回指上文话题“人”,有共同的主题,但属于不同的句子,相当于又一个“主题-解释”的开始。

Ariel(1994)认为回指形式的运用和他们代表的物质实体之间有着共同的关系,所有的可能的回指形式只是可及性[1]标记。根据Ariel的标记模式图:

“零形代词>反身代词>一致标记>缩略代词>非强调代词>强调的代词>强调的代词+手势>近指代词(+名词短语)>远指代词(+名词短语)>近指代词(+名词短语)+修饰语>远指代词(+名词短语)+修饰语>名>姓>简单有定描述语>复杂有定描述语>全称>全称+修饰语”

层级中每一种回指形式编码比前面的回指形式相对低层的可及性。

因此,当一个新的“主题—解释”开始时,不可能再继续使用零形回指,而是选择比零形代词可及性低的代词回指。其余3例与此同。

有时,在对先行语进行描述时,其中还可能插入引用成分,如下。

初,楚司馬子良生子越椒。子文曰:“必殺之!是子也,熊虎之狀而豺狼之聲;弗殺,必滅若敖氏矣。諺曰:‘狼子野心。’是(s)乃狼也,其可畜乎?”(《左传·宣4》)

“是”的先行语为“是子”,在描述“是子”的特点时,引用谚语加以证明。两个小句具有相同话题,但中间存在间隔语句(或为引语,或为插入语,或为评说语),间隔语句与具有相同话题的小句处于不同层面,具有相同话题的两个小句仍处于同一层面。不影响整个话题的连续性。

同样,根据显著性理论,当“此(斯)”“是”都处于主语位置时,“是”指称显著性高的主语位置的人或事物,“此(斯)”则指称显著性略低的宾语位置的人或事物,根据上文论述,显著性高的成分更容易被提取,因此,“此”的先行语相对于“是”的先行语更不易被提取,可见,“此(斯)”的指示性要强于“是”。

综上所述,名词性回指中,当指称距离小于或等于3时,指称同处于宾

---

[1] 可及性是一个认知心理语言学概念,是指人们在语篇产生和理解过程中,从大脑记忆系统中提取某个语言或记忆单位的便捷或难易程度。

语位置的先行语，一般选择处于显著性稍低的宾语位置的“此（斯）”指称，选择处于显著性高的主语位置的“是”指称，“此（斯）”处于比“是”不显著的位置，却指称具有相同显著度位置的人或事物；指称距离大于3时，当“此（斯）”“是”同处于主语位置，“是”指称显著性高的主语位置的人或事物，“此（斯）”则指称显著性略低的宾语位置的人或事物。“此（斯）”“是”处于相同显著度的位置，“此（斯）”先行语位置的显著度却低于“是”先行语位置的显著度，由此推断，“此（斯）”的指示功能要强于“是”。

（2）动词性回指。

动词性回指中“此（斯）”“是”的指称距离统计如表3-8所示。

表3-8 动词性回指中“此（斯）”“是”的指称距离

（单位：例）

指示代词	指称距离											
	0	1	2	3	4	5	6	7	8	9	10	>10	平均距离
此（斯）	—	9	3	—	—	—	—	—	—	1	—	1	2.43
是	—	1	3	1	—	—	—	—	1	—	—	1	4

由表3-8可见，“此（斯）”“是”[1]的动词性回指的指称距离与名词性回指相差无几。然而，与名词性回指相比，“此（斯）”“是”的动词性回指，没有指称距离为0的情况。“此”出现最多的情况是指称上文紧邻小句中的动词性成分（64.3%），“此”几乎都处于宾语位置（85.7%），如下。

僑聞學而後入政，未聞以政學者也。若果行此（o），必有所害。譬如田獵，射御貫，則能獲禽，若未嘗登車射御，則敗績厭覆是懼，何暇思獲？（《左传·襄31》）

该例“此”指代上句中的动词短语“以政学”。

則夫好攻伐之君，不知此（o）為不仁義，以告四鄰諸侯曰：“吾攻國覆軍，殺將若干人矣。”其鄰國之君亦不知此（o）為不仁義也，有具其皮幣，發其總處，使人饗賀焉。則夫好攻伐之君，有重不知此（o）為不仁不義也，有

[1] “是”动词性回指出现的频率过低，因而指称距离与“此（斯）”出现了些许差别。

書之竹帛，藏之府庫。(《墨子·天志下》)

上例第一个“此”指代紧邻小句的“攻伐”；由于“攻伐”为本段总的话题后两个“此”虽不与先行语所在小句紧邻，但也都指称“攻伐”。

“此”经常处于宾语位置回指上文的动词性先行语，这一点与现代汉语指示代词“这”有差别，如下。

“可笑！我为什么要帮你隐瞒病情？这对谁有好处？”(王朔《永失我爱》)

“这”回指上文紧邻的“帮你隐瞒病情”这一动词性成分。光杆的指示代词“这”直接指称上文叙述的某种行为或某个事件，通常是对这一事件的概括，“这”起承上启下作用，指代上文中最近的动词性短语。[1]因此，“这”常常处于主语位置。这应该与光杆“这”不能单独作宾语有关。

“是”动词性回指情况极少，多数处于谓语位置(57.1%)，与“此(斯)”多数处于宾语位置也有差别，可解释为“这样”，如下。

諸以居運命者：若鄉里齊、荊者，皆是(v)。諸以形貌命者：若山丘室廟者，皆是(v)也。(《墨子·大取》)

上例前一个“是”指称“以居運命”，后一个“是”指称“以形貌命”。

综上，动词性回指中，“此(斯)”主要以处于宾语位置为主，经常用来指称上文紧邻小句中的动词性成分，而“是”则主要处于谓语位置指称上文中出现的动词性成分。

(3)小句性回指。

小句性回指的指示类型如表3-9所示。

表3-9 小句性回指中“此(斯)”“是”的句法分布

(单位：例)

指示代词		句法位置			
		s	o	v	d
此(斯)	与先行语紧邻	414	246	2	3
	与先行语有间隔	84			

[1] 王道英.“这”“那”的指示功能研究[M].上海：学林出版社，2005：114.

（续表）

指示代词		句法位置			
		s	o	v	d
是	与先行语紧邻	860	288	46	12
	与先行语有间隔	209			

从表3-9中可以看出，“此（斯）”“是”的小句性回指绝大多数都以处于主语位置：“此（斯）”占66.5%，“是”占75.5%，并以与所指小句紧邻为主：“此”83.1%，“是”80.4%。下面我们主要探讨“此（斯）”“是”在主语位置的情况。

①与先行语紧邻情况考察。

考察9部传世文献中“此（斯）”“是”处于主语位置的小句性回指，与先行语紧邻，有以下几种谓语形式，统计如表3-10所示。

表3-10 “此（斯）”“是”的谓语形式

（单位：例）

谓语形式	指示代词	
	此（斯）	是
主谓谓语	12（2.8%）	126（14.7%）
名词谓语	264（63.8%）	163（20.0%）
动词/形容词谓语	138（33.4%）	571（66.4%）

表3-10显示，“此”后谓语以名词、动词或形容词谓语为主（97.2%），且名词谓语是“此（斯）”谓语的主要形式（63.8%），主谓谓语的情况很少（2.8%）。“是”后的谓语形式比较自由，动词或形容词形式谓语为主（66.4%）。下面试作具体分析。

A. 格式。

a. 指示代词+主谓谓语。

“此”（12例）：

晉君大失其衆，背君賂，殺里克，而忌處者，衆固不説。今又殺臣

之父及七輿大夫，此(h)[1]其黨半國矣。君若伐之，其君必出(《国语·晋语三》)

是故不能治百人者，使處乎千人之官；不能治千人者，使處乎萬人之官。此(h)其故何也？(《墨子·尚贤中》)

雖日夜相接以治若官，官猶若不治，此(h)其故何也？(《墨子·尚贤中》)

此言而非兼，擇即取兼，即此(h)言行費(背反)也。(《墨子·兼爱下》)

言而非兼，擇即取兼，此(h)言行拂也。(《墨子·兼爱下》)

古者聖王必以鬼神為有，其務鬼神厚矣，又恐後世子孫不能知也，故書之竹帛，傳遺後世子孫；咸恐其腐蠹絕滅，後世子孫不得而記，故琢之盤盂，鏤之金石，以重之；有恐後世子孫不能敬莙以取羊，故先王之書，聖人一尺之帛，一篇之書，語數鬼神之有也，重有重之。此(h)其故何？(《墨子·明鬼下》)

故尚者夏書，其次商周之書，語數鬼神之有也，重有重之，此(h)其故何也？(《墨子·明鬼下》)

父母不可得也，然號而不止，此(h)其故何也？(《墨子·公孟》)

我行數千里、數絕諸侯之地以襲人，未至而人已先知之矣，此(h)其備必已盛矣。(《吕氏春秋·悔过》)

今施，布衣也，可以有萬乘之國而辭之，此(h)其止貪爭之心愈甚也。(《吕氏春秋·不屈》)

自上世以來，亂未嘗一。而亂人之患也，皆曰一而已，此(h)事慮不同情也。(《吕氏春秋·原乱》)

上下不相知，則上非下，下怨上矣。人臣之情，不能為所怨；人主之情，不能愛所非；此(h)上下大相失道也。(《吕氏春秋·慎小》)

---

[1] 为与下文谓语是名词、动词或形容词的情况区分，把主谓谓语前的指示代词的句法位置标为h。

“此”的这类句式总计出现12例,其中“此其”连用[1]的情况8例。句中,“此”都可以做“这样”解,下文都是在这个前提下的论述。用于评说句,多为说明结果;用于疑问句,都是询问原因。再看一下“是”的情况,如下。

“是”(126例):

今君若步玉趾,辱見寡君,寵靈楚國,以信蜀之役,致君之嘉惠,是(h)寡君既受貺矣,何蜀之敢望?(《左传·昭7》)

今三川實震,是(h)陽失其所而鎮陰也。(《国语·周语上》)

楊墨之道不息,孔子之道不著,是(h)邪說誣民、充塞仁義也。(《孟子·

[1]“此其……”句式是古汉语常见的句式之一,学界大都以为“此其”乃代词连用,我们以为这一解释不尽妥善。“此其……”句式中,“此”是个指示代词,这一点无庸置疑,问题主要在于“其”字上,按照“其”的性质,“此其……”式大体可分为三种类型:①代词+代词:“此其……”全式是一个判断句,“此”是主语,“其”是名词性谓语的定语或定语的一部分,可译为“他”“它”“那”等,如:“向其先表之时可导也,今水已变而益多矣,荆人尚犹循表而导之,此其所以败也。”(《吕氏春秋·察今》)②代词+副词:“其”表示一种推测语气,译为“恐怕”“大概”“也许”等,修饰后面的动词或形容词,“此”是全句的主语,如:“此其代陈有国乎?”(《左传·庄22》)③代词+结构助词:“其”和结构助词“之”的作用相当,按照“其”的作用,又可分为三种类型:①“其”用于定语和中心语之间,译为的。“此”为定中结构的定语。如:有過於江上者,見人方引嬰兒而欲投之江中,嬰兒啼,人問其故,曰:“此其父善游。”(《吕氏春秋·察今》)②“其”用于主语和谓语之间,取消句子独立性。“此”为这个主谓词组的主语。如:天下之水,莫大於海,萬川歸之,不知何時止而不盈;尾閭泄之,不知何時已而不虛,春秋不變,水旱不知。此其過江河之流,不可爲量數。(《庄子·秋水》)③“其”用在主语和介宾词组之间,舒缓语气并起突出强调介宾词组的作用。“此”为全句主语。如:今舉大木者,前呼輿謣,後亦應之,此其於舉大木者善矣,豈無鄭、衛之音哉?(《吕氏春秋·淫辞》)结构助词“其”除了上述3种用法之外,还可用在前置宾语“此”和动词之间,作宾语前置的标记,如:“意独子墨子有此,而先王无此其有耶?”(《墨子·尚同下》)如果再从与“此其”结合的词的性质来看,那么这三种形式又有交叉现象,如“此+其+名词”,“其”可能是代词,构成判断句式,也可能是助词,构成定中关系;“此+其+动词”,“其”可能是副词,修饰后面的动词,也可能是助词,取消句子独立性。遇到这种情况,要联系上下文意分析判断,不能拘泥于句子的形式。(参见李妮.浅谈“此其……”句式[J].陕西师范大学学报(哲社版),1993(1).)

滕文公下》)

今君侈為宮室,奪人之居,廣為臺榭,殘人之墓,是(h)生者愁憂,不得安處,死者離易,不得合骨。(《晏子春秋·内篇谏下》)

是(h)寡人之命固盡已,子無復言矣。(《吕氏春秋·制乐》)

"是"的这类句式总计出现126例,"是其"连用的情况仅出现在4例疑问句中,都为询问原因。

得其所惡,是(h)其故何也?(《墨子·尚贤上》)

昔者晉文公好士之惡衣,故文公之臣皆牂羊之裘,韋以帶劍,練帛之冠,入以見於君,出以踐於朝。是(h)其故何也?君說之,故臣能為之也。昔者楚靈王好士細要,故靈王之臣皆以一飯為節,脅息然後帶,扶牆然後起。比期年,朝有黧黑之色。是(h)其故何也?(《墨子·兼爱中》)

故凡從事此者,寇亂也,盜賊也,不仁不義,不忠不惠,不慈不孝,是故聚斂天下之惡名而加之。是(h)其故何也?(《墨子·天志下》)

其余122例都为评说句,根据上文条件推导出结论。其中115例都为"是(非)……也(矣)"的句式,只有7例不用语气词"也(矣)",若苟亂,是(h)出戰不克,入守不固。(《墨子·节葬下》)

使之主祭而百神享之,是(h)天受之;使之主事而事治,百姓安之,(是)民受之也。(《孟子·万章上》)

今巨楚縣吾前,大燕(魚酋)吾後,勁魏鉤吾右,西壤之不絶若繩,楚人則乃有襄賁開陽以臨吾左,是(h)一國作謀,則三國必起而乘我。(《荀子·强国》)

上无爲也,下亦无爲也,是(h)下與上同德,下與上同德則不臣。(《庄子·天道》)

不用语气词的情况都为"是"所在的小句不作为结尾句。

"此(斯)""是"的小句性回指,在"指示代词+主谓谓语"这一形式上表现出差异,"此(斯)"在这一句式中出现仅12例,而"是"在这一情形下共出现126例,远远超过"此(斯)"的使用频率。"主谓谓语"的形式常常表示一个完整的概念或思想,而不只是对上文内容的简单接续。指示代词"此(斯)"

和“是”除指称的功能，还含有推理的意思，即在上文论述的基础上，推导出以下结论。“是”在推论的语境中具有更大的适应性。例如：

今君若步玉趾，辱見寡君，寵靈楚國，以信蜀之役，致君之嘉惠，是(h)寡君既受貺矣，何蜀之敢望？(《左传·昭7》)

今巨楚縣吾前，大燕(魚酋)吾後，勁魏鉤吾右，西壤之不絶若繩，楚人則乃有襄賁開陽以臨吾左，是(h)一國作謀，則三國必起而乘我。(《荀子·强国》)

上两例“是”的先行语分别为下文“寡君既受貺矣，何蜀之敢望”与“一國作謀，則三國必起而乘我”结论的条件，“是”可理解为“这样的话，那么”，有推断的含义在内。

b. 指示代词+名词谓语。

“此”(264例)：

我之求也，此(s)何罪？(《左传·桓16》)

夏，大旱。公欲焚巫尪。臧文仲曰：“非旱備也。修城郭，貶食省用，務穡勸分，此(s)其務也。巫尪何爲？天欲殺之，則如勿生；若能爲旱，焚之滋甚。”公從之。是歲也，饑而不害。(《左传·僖21》)

國君道長，而大夫不出門，此(s)何禮也？(《左传·哀7》)

君若來，將待刑以快君志；君若不來，將獨伐秦，不得君，必死之。此(s)所以待也。(《国语·晋语三》)

昔吾先王體德明聖，達於上帝，譬如農夫作耦，以刈殺四方之蓬蒿，以立名於荆，此(s)則大夫之力也。(《国语·吴语》)

故計上之賞譽，不足以勸善，計其毀罰，不足以沮暴。此(s)何故以然？則義不同也。(《墨子·尚同》)

雖至天下之為盜賊者亦然，盜愛其室不愛其(衍文)異室，故竊異室以利其室；賊愛其身不愛人身，故賊人身以利其身。此(s)何也？(《墨子·兼爱上》)

今若國之與國之相攻，家之與家之相篡，人之與人之相賊，君臣不惠忠，父子不慈孝，兄弟不和調，此(s)則天下之害也。(《墨子·兼爱中》)

為彼猶為己也，然即國、都不相攻伐，人家不相亂賊，此(s)天下之害與？天下之利與？(《墨子·兼爱下》)

吾知道之可以贵，可以贱，可以约，可以散，此(s)吾所以知道之数也。(《庄子·知北游》)

此(s)不通乎兵者之論。(《吕氏春秋·简选》)

夫有所愛所重，而令姦邪盜賊寇亂之人卒必辱之，此(s)孝子忠臣親父交友之大事。(《吕氏春秋·安死》)

萬物不同，而用之於人異也，此(s)治亂存亡死生之原。(《吕氏春秋·异用》)

嚮其先表之時可導也，今水已變而益多矣，荊人尚猶循表而導之，此(s)其所以敗也。(《吕氏春秋·察今》)

“是”(163例)：

吾不能早用子，今急而求子，是(s)寡人之過也。(《左传·僖30》)

然宋之盟，子木有禍人之心，武有仁人之心，是(s)楚所以駕於晉也。(《左传·昭1》)

戰而勝，是(s)吾力也。(《国语·周语》)

當王公大人之於此也，雖有骨肉之親、無故富貴、面目美好者，實知其不能也，不使之也，是(s)何故？(《墨子·尚贤下》)

周公使管叔監殷，管叔以殷畔；知而使之，是(s)不仁也；不知而使之，是(s)不智也。(《孟子·公孙丑下》)

故懷負石而投河，是(s)行之難爲者也，而申徒狄能之。(《荀子·不苟》)

君子位尊而志恭，心小而道大，所聽視者近而所聞見者遠。是(s)何邪？則操術然也。(《荀子·不苟》)

知天之所爲者，天而生也；知人之所爲者，以其知之所知，以養其知之所不知，終其天年而不中道夭者，是(s)知之盛也。(《庄子·大宗师》)

廢長立少，不可以教下；尊孽卑宗，不可以利所愛。長少無等，宗孽無別，是(s)設賊樹姦之本也。(《晏子春秋·内篇谏上》)

自古及今，未有不亡之國也；無不亡之國者，是(s)無不扣之墓也。(《吕

氏春秋·安死》)

“指示代词+名词谓语”句式,基本上都为判断句,“此”出现的比例(63.8%)要远远超过“是”(20.0%)。这一情况下,“此”“是”是判断对象,即具有代词功能的主语。与名词判断句类似,如下。

余,而所嫁妇人之父也。(《左传·宣15》)

龟,象也;呈,数也。(《左传·僖15》)

得请而告,吾子之功也。(《左传·襄2》)

今夫子傲,取祸之道也。(《左传·成14》)

“指示代词+名词谓语”句式中,“此”“是”的主要作用为指称上文的小句。

c. 指示代词+动词/形容词谓语。

“此”(138例):

夫人、大子猶在,而外求君,此(s)必不行。(《左传·文7》)

士伯庸中行伯,君信之,亦庸士伯,此(s)之謂明德矣。(《左传·宣15》)

故夏書曰:“辰不集于房,瞽奏鼓,嗇夫馳,庶人走。’此(s)月朔之謂也”。[1](《左传·昭17》)

今君王未盈而溢,未盛而驕,不勞而矜其功,天時不作而先爲人客,人事不起而創爲之始,此(s)逆於天而不和於人。(《国语·越语下》)

子曰:“圣人吾不得而见之矣;得见君子者,斯(s)可矣。”子曰:“善人吾不得而见之矣;得见有恒者,斯(s)可矣。亡而为有,虚而为盈,约而为泰,难乎有恒矣。”[2](《论语·述而》)

見不脩行,見毀,而反之身者也,此(s)以怨省而行脩矣。(《墨子·修身》)

故凶饑存乎國,人君徹鼎食五分之五,大夫徹縣,士不入學,君朝之衣不革制,諸侯之客,四鄰之使,雍食而不盛,徹驂騑,塗不芸,馬不食粟,婢妾不衣帛,此(s)告不足之至也。(《墨子·七患》)

此(s)譬之猶馬駕而不稅,弓張而不弛,無乃非有血氣者之所不能至

[1] 此例为宾语提前,“此月朔之谓也”即“此之谓月朔”。

[2] “斯”在主语位置,其指称距离为0的小句性回指都为动词谓语。

邪?(《墨子·三辩》)

夫愛人者,人必從而愛之;利人者,人必從而利之;惡人者,人必從而惡之;害人者,人必從而害之。此(s)何難之有?特上弗以為政,士不以為行故也。(《墨子·兼爱中》)

夫愛人者,人亦從而愛之;利人者,人亦從而利之;惡人者,人亦從而惡之;害人者,人亦從而害之。此(s)何難之有焉?特上不以為政而士不以為行故也。(《墨子·兼爱中》)

富貴不能淫,貧賤不能移,威武不能屈,此(s)之謂大丈夫。(《孟子·滕文公下》)

今也制民之產,仰不足以事父母,俯不足以畜妻子;樂歲終身苦,兇年不免於死亡;此(s)惟救死而恐不贍,奚暇治禮義哉?(《孟子·梁惠王上》)

蚤起,施從良人之所之遍。國中無與立談者。卒之東郭墦間,之祭者,乞其餘;不足,又顧而之他——此(s)其為饜足之道也。(《孟子·离娄下》)

指不若人,則知惡之;心不若人,則不知惡,此(s)之謂不知類也。(《孟子·告子上》)

湯立為天子,夏民大說,如得慈親,朝不易位,農不去疇,商不變肆,親郼如夏。此(s)之謂至公,此(s)之謂至安,此(s)之謂至信。(《吕氏春秋·慎大》)

"是"(571例):

諺曰:"民之多幸,國之不幸也",是(s)無善人之謂也。(《左传·宣16》)

今二子者,君生則縱其惑,死又益其侈,是(s)棄君於惡也,何臣之爲?(《左传·成2》)

欲復其願,而棄其本,復歸無所,是(s)謂迷復,能無凶乎?(《左传·襄28》)

是(s)使之職事于魯,以昭周公之明德。(《左传·定4》)

今天子立諸侯而建其少,是(s)教逆也。(《国语·周语》)

以不教民战,是(s)谓弃之。(《论语·子路》)

幼而不孙弟,长而无述焉,老而不死,是(s)为贼。(《论语·宪问》)

过而不改,是(s)谓过矣。(《论语·卫灵公》)

若己不為天之所欲，而為天之所不欲，是(s)率天下之萬民以從事乎禍祟之中也。(《墨子·天志中》)

視不勝猶勝也。量敵而後進，慮勝而後會，是(s)畏三軍者也。(《孟子·公孙丑上》)

然而跛鼈致之，六驥不致，是(s)無它故焉，或爲之，或不爲爾！(《荀子·修身》)

嬰老薄無能，而厚受禄，是(s)掩上之明，污下之行，不可。(《晏子春秋·内篇杂下》)

凡食之道，無飢無飽，是(s)之謂五藏之葆。(《吕氏春秋·尽数》)

“指示代词+动词/形容词谓语”的句式，也都为判断句。“是”出现的比例(66.4%)远远超出“此”(33.4%)。“是”更容易与谓词性成分构成判断句。

根据上文统计，“此”几乎全部处于名词性判断句之首，而“是”则绝大部分处于谓词性判断句之首。肖娅曼(2003)在考察系词“是”的来源时，认为“此”“是”出现这一差异的原因在于，“此”“是”所处的语法位置不相同。“此”只处于主语位置，是一个体词性词语，纯粹的指代词，因为上古体词性词语是与体词性词语构成判断句，体词性词语在上古不能与谓词性词语构成判断句，可判断句首的“是”却主要与谓词性词语构成判断句，这说明“是”与“此”和名词的语法特性有所不同。“是”除了主语的位置，还隐含了一个系词的位置，“是”同时起主语和系词的作用，即这类“是”可能既具有指代性，又具有判断性。

我们且不论“是”是否同时起主语和系词的作用，但“是”确实不仅仅只具有指称功能，正如上文所说，大多数“是”还含有推断的含义。“此”后以名词谓语为主，“此”是判断对象，即具有代词功能的主语，与名词判断句类似，主要功能为对先行语进行陈述。“是”后以谓词性成分为主，后接内容并不只是陈述，而是根据上文内容推断出新的结论。试比较以下例句。

夏，大旱。公欲焚巫尪。臧文仲曰：“非旱備也。修城郭，貶食省用，務穡勸分，此(s)其務也。巫尪何爲？天欲殺之，則如勿生；若能爲旱，焚之滋甚。”公從之。是歲也，饑而不害。(《左传·僖21》)

吾知道之可以贵，可以贱，可以约，可以散，此(s)吾所以知道之数也。(《庄子·知北游》)

以上两例为“此”所占比重最大的名词谓语句。“此”的先行语分别为“修城郭，貶食省用，務穡勸分”与“道之可以贵，可以贱，可以约，可以散”，“此”所在小句都是对上先行语的陈述，没有推断的含义。

再看“是”：

今二子者，君生則縱其惑，死又益其侈，是(s)棄君於惡也，何臣之爲？(《左传·成2》)

若已不為天之所欲，而為天之所不欲，是(s)率天下之萬民以從事乎禍祟之中也。(《墨子·天志中》)

以上两例为“是”所占比重最大的动词谓语句，“是”分别指代上文的“今二子者，君生則縱其惑，死又益其侈”与“若已不為天之所欲，而為天之所不欲”，“是”所在的小句，不是对所指代先行语的陈述，而是在先行语的基础上，经过推断得出的结论。尤其第2例“若……是……”假设的语境，明显是在“已不為天之所欲，而為天之所不欲”的前提条件下，推断出结论“率天下之萬民以從事乎禍祟之中也”。

这又涉及“此”“是”判断句的表意功能及其使用语境方面的问题。下文将作进一步讨论。

B.“此(斯)”“是”判断句。

a. 表意功能。

从上文可见，“此”判断句的基础形式是“主语+名谓”结构，而这并不是上古判断句式的基础形式；“从表意角度看，可以在一定程度上将名词判断句看作上古各类判断形式的基式，因为在上古各类判断句式中，名词判断句的表意范围最广，它可以表示陈述、解说、陈说、断定等。”[1]

我们认为，名词性判断句只有两种表意功能，一是对于既成内容的论述，即肖文所说的表陈述、解说、陈说的情况如下。

公子州吁，嬖人之子也。(《左传·隐3》)

---

[1] 肖娅曼. 汉语系词“是”的来源及成因研究[D]. 成都：四川大学，2003.

余，而所嫁妇人之父也。(《左传·宣15》)

龟，象也；呈，数也。”(《左传·僖15》)

姬姓，日也；异姓，月也。(《左传·成16》)

怒而行之，德之则也，礼之经也。(《左传·隐11》)

罪人以其罪降，古之制也。(《左传·昭7》)

二是对于事物的推断。这类名词判断句表示对人和事的性质或类属的断定，从语义上说，它表示的是结论，而不是前提。即这类名词判断句不是表示已有的观点、知识或客观存在，而是根据某种标准、通过推理而现得出的一个具体的新结论，如下。

得请而告，吾子之功也。(《左传·襄2》)

晏平仲曰：“君恃勇力，以伐盟主。若不济，国之福也。”(《左传·襄13》)

今夫子傲，取祸之道也。(《左传·成14》)

在此基础上我们考察了“此”“是”判断句的表意功能及其在形式上的差异。

“此”判断句(784例)。

表示陈述(572例)

这类“此”判断句，用来陈述一个毋须断定的已知事实或道理，如下。

晉侯許之七百乘。郤子曰：“此城濮之賦也。”(《左传·成2》)

爲之歌秦，曰：“此之謂夏聲。”(《左传·襄28》)

魯君聞顔闔得道之人也，使人以幣先焉。顔闔守陋閭，苴布之衣而自飯牛。魯君之使者至，顔闔自對之。使者曰：“此顔闔之家與？”顔闔对曰：“此闔之家也。”(《庄子·让王》)

有过而问者，曰：“此予宅也。”(《庄子·则阳》)

解其劍以予丈人，曰：“此千金之劍也，願獻之丈人。”(《吕氏春秋·异宝》)

这类“此”句不是表示判断的，而是表陈述。首先，这类“此”判断句不是表示经过断定得出的新结论，而是表示众所周知的事理，以便引出问题，展开注说。其次，在复句中，“此”句不是居于尾分句的结论位置，而是居于首分句的议题位置(58/138),如下。

袒而示之背,曰:“此余所能也。脾泄之事,余亦弗能也。”(《左传·定5》)

公賓庚、公甲叔子與戰于夷,獲叔子與析朱鉏,獻于王。王曰:“此同車,必使能,國未可望也。”(《左传·哀8》)

魯君之宋,呼於垤澤之門。守者曰:‘此非吾君也,何其聲之似我君也?’此無他,居相似也。(《孟子·尽心上》)

此齊國之賢者也,其義不臣乎天子,不友乎諸侯,於利不苟取,於害不苟免。今乞所以養母,是說夫子之義也,必與之。(《吕氏春秋·士节》)

表示断定(212例)。

表示断定的“此”判断句不是对已知事实的论述,而是根据某种标准、通过推理而现得出的一个具体的新结论,如下。

子大叔曰:“宋之盟,君命将利小国,而亦使安定其社稷,镇抚其民人,以礼承天之休,此君之宪令,而小国之望也。”(《左传·襄28》)

夫抚剑疾视曰:“彼恶敢当我哉!”此匹夫之勇,敌一人者也。(《孟子·梁惠王下》)

仁义忠信,乐善不倦,此天爵也。(《孟子·告子上》)

诸侯莫不怀交接怨而不忘其敌,伺强大之间,承强大之敝,此强大之殆时也。(《荀子·王制》)

盗跖曰:“丘来前!夫可规以利而谏以言者,皆愚陋恒民之谓耳。今长大美好,人见而悦之者,此吾父母之遗德也。(《庄子·盗跖》)

这类表断定的“此”判断句,都是语义关系简单的判断,与名词判断句相同。

“是”判断句(1211例)。

上古“是”判断句在表意功能上,与名词判断句有着截然不同的特征。“是”判断句不表示陈述,全都表示断定,具体表现在以下几方面。

首先,如果名词判断句与“是”判断句同时出现,名词判断句往往位于相关复句的前面,以便在作出判断之前交代情况,而“是”判断句则位于句末作出判断结论(92例),举例如下。

崇明祀，保小寡，周禮也；蠻夷猾夏，周禍也。若封須句，是崇皞、濟而修祀紓禍也。(《左傳·僖21》)

言，身之文也。身將隱，焉用文之？是求顯也。(《左傳·僖24》)

善人，國之主也。王子相楚國，將善是封殖，而虐之，是禍國也。(《左传·襄30》)

曹，文之昭也；晋，武之穆也。曹为伯甸，非尚年也。今将尚之，是反先王也。(《左传·定4》)

夫署，所以朝夕虔君命也。臣立先臣之署，服其車服，爲利故而易其次，是辱君命也，不敢聞命。(《国语·鲁语上》)

夫盟，信之要也。晉爲盟主，是主信也。(《國語·魯語下》)

君不能飭法，而群臣專制，亂之本也。今又欲分其家，利其貨，是非制也。(《晏子春秋·内篇杂下》)

晏子對曰："嬰聞古之事君者，稱身而食；德厚而受祿，德薄則辭祿。德厚受祿，所以明上也；德薄辭祿，可以潔下也。嬰老薄無能，而厚受祿，是掩上之明，污下之行，不可。"(《晏子春秋·内篇杂下》)

臣請遂道王者諸侯彊弱存亡之效，安危之埶：君賢者其國治，君不能者其國亂；隆禮貴義者其國治，簡禮賤義者其國亂；治者彊，亂者弱，是彊弱之本也。上足卬則下可用也，上不卬則下不可用也；下可用則强，下不可用則弱，是强弱之常也。隆禮效功，上也；重禄貴節，次也；上功賤節，下也，是强弱之凡也。好士者强，不好士者弱；愛民者强，不愛民者弱；政令信者强，政令不信者弱；民齊者强，民不齊者弱；賞重者强，賞輕者弱；刑威者强，刑侮者弱；械用兵革攻完便利者强，械用兵革窳楛不便利者弱。重用兵者强，輕用兵者弱；權出一者强，權出二者弱，是强弱之常也。(《荀子·议兵》)

故凡學，非能益也，達天性也。能全天之所生而勿敗之，是謂善學。(《吕氏春秋·尊师》)

其次，在复句中，"是"判断句总是居于尾分句的结论位置(321例)，如下。

臣治烦去惑者也，是以伏死而争。今二子者，君生则纵其惑，死又益其

侈，是弃君於恶也。(《左传·成2》)

光之立也，列补诸侯矣。今无故而废之，是专黜诸侯，而以难犯，不祥也。(《左传·襄19》)

君子贵其身而后能及人，是以有礼。今夫子卑其大夫而贱其宗，是践其身也，能有礼乎？(《左传·昭25》)

夫下事上，少事長，所以爲順也。今天子立諸侯而建其少，是教逆也。若魯從之而諸侯效之，王命將有所壅；若不從而誅之，是自誅王命也。(《国语·周语上》)

徐无鬼曰："尝语君，吾相狗也下之质，执饱而止，是狸德也。"(《庄子·徐无鬼》)

凶年饥岁，君之民老弱转乎沟壑，壮者散而之四方者，几千人矣；而君之仓廪实，府库充，有司莫以告，是上慢而残下也。(《孟子·公孙丑上》)

君子行不贵苟难，说不贵苟察，名不贵苟传，唯其当之为贵。故怀负石而赴河，是行之难为者也。(《荀子·不苟》)

除以上两种情况，"是"绝大部分(616例)也处在句末或段末表示推理得出的新结论或处于对话中的回答部分(144例)，如下。

曾子曰："吾闻诸夫子，孟庄子之孝也，其他可能也；其不改父之臣，与父之政，是难能也。"(《论语·子张》)

穆公不忘舊德，俾我惠公用能奉祀于晉。又不能成大勳，而爲韓之師。亦悔于厥心，用集我文公，是穆之成也。(《左传·成13》)

其詩曰：'昊天有成命，二后受之，成王不敢康。夙夜基命宥密，於緝熙，亶厥心，肆其靖之。'是道成王之德也。(《国语·周语下》)

夫章子豈不欲有夫妻子母之屬哉？為得罪於父，不得近；出妻屏子，終身不養焉。其設心以為不若是，是則罪之大者。是則章子而已矣。(《孟子·离娄下》)

殽之役，晉人既歸秦帥，秦大夫及左右皆言於秦伯曰："(是)敗也，孟明之罪也，必殺之。"秦伯曰："是孤之罪也。周芮良夫之詩曰：'大風有隧，貪人敗類。聽言則對，誦言如醉。匪用其良，覆俾我悖。'是貪故也，孤之謂

矣。孤實貪以禍夫子,夫子何罪?"(《左传·文1》)

公曰:"余聽獄雖不能察,必以情斷之。"對曰:"是則可矣。夫苟中心圖民,智雖弗及,必將至焉。"(《国语·鲁语上》)

長息問於公明高曰:"舜往于田,則吾既得聞命矣;號泣于旻天,于父母,則吾不知也。"公明高曰:"是非爾所知也。"(《孟子·万章上》)

综上所述,名词判断句与"是"判断句同时出现,名词判断句往往位于相关复句的前面,以便在作出判断之前交代情况,而"是"判断句则位于句末作出判断结论,且在复句中,"是"判断句总是居于尾分句的结论位置。因此,"是"除了指示的作用外,还隐含有推理的意义,推论是其独特的表意功能。"是"判断句不像名词判断句和"此"判断句,要受到其后体词性词语的限制,而"是"判断句不受任何限制,它既可与体词性词语构成判断句,也可与谓词性词语构成判断句,这就能很好地适应各种断定的需要,尤其能适应于分析推断性强的复杂判断。

"是"含有推理的意义还有一个佐证,即通过考察上古9部文献,绝大多数都用"是以"(560例)这一固定结构,表示在上文论述基础上推断得出结论,举例如下。

夫名以制義,義以出禮,禮以體政,政以正民,是以政成而民聽。(《左传·桓2》)

布令陳辭而又不至,則增修於德而無勤民於遠,是以近無不聽,遠無不服。(《国语·周语上》)

昔者三代之興也,利于國者愛之,害于國者惡之,故明所愛而賢良眾,明所惡而邪僻滅,是以天下治平,百姓和集。(《晏子春秋·内篇谏上》)

今臣之刀十九年矣,所解數千牛矣,而刀刃若新發於硎。彼節者有間,而刀刃者无厚;以无厚入有間,恢恢乎其於游刃必有馀地矣。是以十九年而刀刃若新發於硎。(《庄子·养生主》)

大寒既至,霜雪既降,吾是以知松柏之茂也。(《吕氏春秋·慎人》)

而很少用"此以"(26例)表达这一功能,这也从侧面印证了"是"具有推断性。

b. 使用语境。

考察上古9部文献,发现“此”“是”判断句在使用的语境上有不同分工。

在假设语境中,一般用“是”。

这类判断句表示的内容,前面的句子表示假设条件,“此”“是”后内容为在此条件下的推论。一般都用“若”“苟”等显现这一关系。321例“是”复句中,131例表假设后推论,举例如下。

若棄德不讓,是廢先君之舉也,豈曰能賢?(《左传·隐3》)

崇明祀,保小寡,周禮也;蠻夷猾夏,周禍也。若封須句,是崇皞、濟而修祀紓禍也。(《左传·僖21》)

今君若步玉趾,辱見寡君,寵靈楚國,以信蜀之役,致君之嘉惠,是寡君既受貺矣,何蜀之敢望?(《左传·昭7》)

今天子立諸侯而建其少,是教逆也。若魯從之而諸侯效之,王命將有所壅;若不從而誅之,是自誅王命也。((国语·周语上》)

戰而取笑諸侯,不可謂武。殺其弟而立其兄,兄德我而忘其親,不可謂仁。若弗忘,是再施而不遂也,不可謂智。(《国语·晋语三》)

若稟而棄之,是焚穀也;其稟而不材,是穀不成也。(《国语·晋语七》)

若此而得祔,是生臣而安死母也;若此而不得,則臣請輓尸車而寄之于國門外宇霤之下,身不敢飲食,擁轅執輅,木乾鳥栖,袒肉暴骸,以望君愍之。(《晏子春秋·外篇》)

若苟上下不同義,上之所罰,則眾之所譽,曰人眾與處,於眾得譽。則是雖使得上之罰,未足以沮乎!若立而為政乎國家,為民正長,賞譽不足以勸善,而刑罰不沮暴,則是不與鄉吾本言‘民始生未有正長之時’同乎?(《墨子·尚同中》)

若苟貧,是無以為積委也;若苟寡,是城郭溝渠者寡也;若苟亂,是出戰不克,入守不固。(《墨子·非攻下》)

若夫充虛之相施易也,堅白、同異之分隔也,是聰耳之所不能聽也,明目之所不能見也,辯士之所不能言也,雖有聖人之知,未能僂指也。(《荀子·儒效》)

苟事親未孝，交友未篤，是所未得，惡能善之矣？（《吕氏春秋·务本》）

若受我而假我道，是猶取之内府而藏之外府也，猶取之内阜而著之外阜也。（《吕氏春秋·权勋》）

而158例“此”判断复句，仅15例表假设后推断，举例如下。

若苟賢者不至乎王公大人之側，則此不肖者在左右也。（《墨子·尚贤中》）

若使之治國家，則此使不智慧者治國家也，國家之亂既可得而知已。（《墨子·尚贤中》）

今若國之與國之相攻，家之與家之相篡，人之與人之相賊，君臣不惠忠，父子不慈孝，兄弟不和調，此則天下之害也。（《墨子·兼爱中》）

假设语境中，“是”的先行语主要是陈述条件，“是”所在的小句是在这一条件下的推断。这就印证了上文所说，“是”含有推断的意义。

假设的事情一般都是没有发生的，虚拟的非直接可感知的。这种情况下，“此”与“是”的使用几乎是对立的，绝大多数都用“是”，而很少用“此”。这说明，“此”“是”虽然都有指称功能，但二者有不同的指代范围。马建忠说过：“至‘是’‘此’二字，确有不可互易之处。凡指前文事理，不必力陈目前，而为心中可意者，即以‘是’字指之。前文事物有形可迹，且为近而可指者，以‘此’字指之。”[1]马氏所说的“有形可迹”就是这里所说的“可感知”的主要内容。实际上，前面的考察已经表明，“此”也可以指代抽象事物，即上古“此”既可指代具体可感的事物，又可指代抽象事物；“是”则主要指代抽象事物，除特定范围外，不能指代具体可感的事物。

在因果语境中，用“此”为常。

这类判断句表示的内容，与它前面的句子表示的内容之间，有着因果联系。如果前句是结果，“此”“是”判断句就表示原因；如果前句是原因，“此”“是”判断句就表示结果。一般用“所以”显现因果关系。“此”130例，举例如下。

此申、吕所以邑也，是以爲賦，以御北方。（《左传·成7》）

---

[1] 马建忠. 马氏文通［M］. 北京：商务印书馆，1983：53.

昔管敬仲有言，小妾聞之，曰："畏威如疾，民之上也。從懷如流，民之下也。見懷思威，民之中也。畏威如疾，乃能威民。威在民上，弗畏有刑。從懷如流，去威遠矣，故謂之下。其在辟也，吾從中也。鄭詩之言，吾其從之。"此大夫管仲之所以紀綱齊國，裨輔先君而成霸者也。(《国语·晋语三》)

遝至乎商王紂天不序其德，祀用失時。兼夜中，十日雨土于薄，九鼎遷止，婦妖宵出，有鬼宵吟，有女為男，天雨肉，棘生乎國道，王兄自縱也。赤鳥銜珪，降周之岐社，曰："天命周文王伐殷有國。"泰顛來賓，河出綠圖，地出乘黃。武王踐功，夢見三神曰："予既沈漬殷紂于酒德矣，往攻之，予必使汝大堪之。"武王乃攻狂夫，反商之周，天賜武王黃鳥之旗。王既已克殷，成帝之來，分主諸神，祀紂先王，通維四夷，而天下莫不賓，焉襲湯之緒，此即武王之所以誅紂也。(《墨子·非攻下》)

不仁之君見一，諂諛之臣見二，此臣之所以獨竊笑也。(《晏子春秋·内篇谏上》)

臣聞之，微事不通，粗事不能者，必勞；大事不得，小事不為者，必貧；大者不能致人，小者不能至人之門者，必困。此臣之所以仕也。(《晏子春秋·外篇》)

今上不貴義，不敬義，如是，則天下之人百姓，皆有棄義之志，而有趨姦之心矣，此姦人之所以起也。(《荀子·议兵》)

故羣臣去忠而事私，百姓怨非而不用，賢良退處而隱逃，此其所以喪九牧之地，而虛宗廟之國也。(《荀子·解蔽》)

故天下，大器也，而不以易生。此有道者之所以異乎俗者也。(《庄子·让王》)

生則謹養，謹養之道，養心為貴；死則敬祭，敬祭之術，時節為務；此所以尊師也。治唐圃，疾灌寖，務種樹；織葩屨，結罝網，捆蒲葦；之田野，力耕耘，事五穀；如山林，入川澤，取魚鱉，求鳥獸；此所以尊師也。視輿馬，慎駕御；適衣服，務輕煖；臨飲食，必蠲絜；善調和，務甘肥；必恭敬；和顏色，審辭令；疾趨翔，必嚴肅；此所以尊師也。(《吕氏春秋·尊师》)

天下無粹白之狐，而有粹白之裘，取之眾白也。夫取於眾，此三皇、五

帝之所以大立功名也。(《吕氏春秋·用众》)

"是"仅43例,举例如下。

其慢若彼之甚也,見賢人若此其肅也,是其所以爲靈公也。(《莊子·則陽》)

夫天生蒸民,有所以取之:志意致修,德行致厚,智慮致明,是天子之所以取天下也。政令法,舉措時,聽斷公,上則能順天子之命,下則能保百姓,是諸侯之所以取國家也。志行修,臨官治,上則能順上,下則能保其職,是士大夫之所以取田邑也。循法則、度量、刑辟、圖籍,不知其義,謹守其數,慎不敢損益也;父子相傳,以持王公,是故三代雖亡,治法猶存,是官人百吏之所以取禄秩也。孝弟原愨,軥録疾力,以敦比其事業而不敢怠傲,是庶人之所以取煖衣飽食,長生久視,以免於刑戮也。飾邪説,文姦言,爲倚事,陶誕突盜,惕悍憍暴,以偷生反側於亂世之閒,是姦人之所以取危辱死刑也。(《荀子·榮辱》)

故人主不務得道而廣有其埶,是其所以危也。(《荀子·非十二子》)

如是,是不知所以亡也,故臣曰晉先亡也。(《吕氏春秋·先识》)

我们说,因果语境的前提,一般都是既成的事实,是可感知的。因此,常常用"此"而不是"是"指称。

综上所述,"此""是"判断句在表意功能与使用语境方面都存在差异。表意方面,"此"判断句可以表示陈述,也可表示断定,并以前者为主(73.0%);"是"则几乎全部表示断定。"是"本身含有推断的含义在内。使用语境方面,假设语境一般使用"是"判断句,因果语境一般用"此"判断句为常。"是"主要指称没有发生的,虚拟的,非直接可感知的假设语境的事情,而"此"则主要用于指称可感知的因果语境的既成事实,可见,"此"的指示性要强于"是"。

C."此/是+之谓"的句式。

"此/是+之谓"有两种情况:一是"此/是之谓也(乎/矣)";二是"此/是之谓××"。

有的学者认为这两者是同类结构,不加区分,认为"此/是"都是前置宾语，“之谓”的“之”是代词复指，“此/是之谓××”是双宾结构，如郭锡良等；[1]也有学者认为这两个句式属于不同类别，“此/是之谓也”中“此/是”处于宾语位置，而“此/是之谓××”中“此/是”处于主语位置，如何乐士等。[2]

我们认为“此/是之谓也”和“此/是之谓××”不能看作同一结构的句式。朱德熙《语法讲义》[3]说：“主语和谓语的关系可以从结构、语义和表达三个不同的方面来观察。”从结构上看，主语一定在谓语前头，宾语一定在述语后头。从语义上看，主语和谓语的关系是复杂的。主语可以是施事、受事、与事、工具、时间或处所，并强调“不要把主语与动作的施事混为一谈。”从表达上说，说话者有选择主语的自由，既可以选择施事作主语，也可选择受事或与事作主语。说话人选来作主语的是他最感兴趣的话题，谓语则是对选定了的话题的陈述。通常说主语是话题，是就表达角度说的，至于说主语是施事、受事、与事，是就语义角度说的，不能混同。

戴震《孟子字义疏证》中：“凡曰‘之谓’，以所称解下，如《中庸》：‘天命之谓性，率性之谓道，修道之谓教。’此为性、道、教言之，若曰：‘性也者，天命之谓也，道也者率性之谓也，教也者修道之谓也。’”当说话者把“天命”作话题时，“天命”是已知信息，作主语；当说话人把“性”作为话题，“性”是已知信息，作主语。朱先生还说：“主语和谓语之间的关系松弛，中间可以有停顿；述语和宾语意义上和结构上的联系都很紧密，当中没有停顿。”以此验证“性也者，天命之谓也”，“性”后有虚词“也者”停顿，“性”是主语，“天命之谓也”当然是述语和宾语，联系紧密，只不过宾语前置了。“天命之谓性”中，“天命”作为话题后面可以有停顿，“天命”是主语，“之谓性”是述语和宾语，“性”在“谓”的后面，属于正常位置。[4]

“此/是＋之谓”中的“之”我们认为是结构助词，而非代词，看下面的例句。

---

❶ 郭锡良. 古代汉语[M]. 北京：商务印书馆，2004：295.

❷ 参见何乐士. 左传虚词研究[M]. 北京：商务印书馆，1989.

❸ 朱德熙. 语法讲义[M]. 北京：商务印书馆，1982：95-111.

❹ 陈若愚. 也谈古汉语“×之谓”与“×之谓×”句式分析[J]. 内江师范学院学报，2008(9).

官施而不失其宜，拔舉而不失其能，畢見其情事而行其所爲，行言自爲而天下化，手撓顧指，四方之民莫不俱至，此之謂聖治。”“愿聞德人。”曰：“德人者，居无思，行无慮，不藏是非美惡。四海之內共利之之謂悅，共給之之爲安；怊乎若嬰兒之失其母也，儻乎若行而失其道也。財用有馀而不知其所自來，飲食取足而不知其所從，此謂德人之容。”“愿聞神人。”曰：“上神乘光，與形滅亡，此謂照曠。致命盡情，天地樂而萬事銷亡，萬物復情，此之謂混冥。”（《庄子·天地》）

平行的句式，有用“此之谓”的，也有直接用“此谓”的，“是”也有不用“之”的情况如下。

觀其事，上利乎天，中利乎鬼，下利乎人，三利無所不利，是謂天德。（《墨子·天志中》）

还有“此之谓”与“此乃谓”并用的情形如下。

不出者，所以出之也；不為者，所以為之也。此之謂以陽召陽，以陰召陰。東海之極，水至而反；夏熱之下，化而為寒。故曰天無形，而萬物以成；至精無象，而萬物以化；大聖無事，而千官盡能。此乃謂不教之教，無言之詔。（《吕氏春秋·君守》）

下例中的“之”为代词，与以上所讲情况不同，如下。

姦止則說者不來，而情諭矣；情者不飾，而事實見矣。此謂之至治。（《吕氏春秋·知度》）

“此/是之谓××”和“此/是之谓也（乎/矣）”在用法上有区别，“此/是之谓××”，主要是对前文内容的总结，“此”“是”所指就是上文紧邻的论述内容，例如：

請言其畛：有左，有右，有倫，有義，有分，有辯，有競，有爭，此之謂八德。（《庄子·齐物论》）

若此人者：不言而信，不謀而當，不慮而得；精通乎天地，神覆乎宇宙；其於物無不受也，無不裹也，若天地然；上為天子而不驕，下為匹夫而不惛；此之謂全德之人。（《吕氏春秋·本生》）

梁惠王以土地之故，糜爛其民而戰之，大敗，將復之，恐不能勝，故驅其

所愛子弟以殉之，是之謂以其所不愛及其所愛也。(《孟子·尽心下》)

天下有大戒二：其一，命也；其一，義也。子之愛親，命也，不可解於心；臣之事君，義也，无適而非君也，无所逃於天地之間。是之謂大戒。(《庄子·人间世》)

越聞之，古善戰者，莎隨賁服，卻舍延尸，車甲盡於戰，府庫盡於葬。此之謂内攻之。……民以此三者怨上，上無以使下，下無以事上。是之謂重攻之。(《吕氏春秋·不广》)

“此/是之谓也(乎/矣)”，主要是引用书证论述前文内容，“此”“是”所指为引文之前所论述的内容，其与先行语不紧邻，例如：

季文子曰：“中國不振旅，蠻夷入伐，而莫之或恤。無弔者也夫！詩曰：‘不弔昊天，亂靡有定’，其此之謂乎！有上不弔，其誰不受亂？吾亡無日矣。”(《左传·成7》)

君子曰：“讓，禮之主也。范宣子讓，其下皆讓。欒黶爲汏，弗敢違也。晉國以平，數世賴之，刑善也夫！一人刑善，百姓休和，可不務乎！書曰：‘一人有慶，兆民賴之，其寧惟永’，其是之謂乎！”(《左传·襄13》)

昭子至自晉，大夫皆見，高彊見而退。昭子語諸大夫曰：“爲人子不可不慎也哉！昔慶封亡，子尾多受邑，而稍致諸君，君以爲忠，而甚寵之。將死，疾于公宫，輦而歸，君親推之。其子不能任，是以在此。忠爲令德，其子弗能任，罪猶及之，難不慎也。喪夫人之力，棄德曠宗，以及其身，不亦害乎？詩曰：‘不自我先，不自我後’，其是之謂乎！”(《左传·昭10》)

我们对9部文献的“此/是＋之谓”的格式分别作了统计，如表3-11、表3-12所示。

表3-11　“此＋之谓”在9部文献中的分布

(单位：例)

句式	文献								
	左传	国语	论语	墨子	晏子	孟子	庄子	荀子	吕氏春秋	总计
此之谓××	7	2	0	2	0	6	23	0	25	65
此之谓也(乎/矣)	6	2	0	1	2	11	0	91	9	121

表 3-12 “是 + 之谓”在 9 部文献中的分布

（单位：例）

句式	文献									
	左传	国语	论语	墨子	晏子	孟子	庄子	荀子	吕氏春秋	总计
是之谓××	0	0	0	0	0	2	13	97	3	121
是之谓也（乎/矣）	15	0	0	0	1	1	0	0	0	11

根据统计发现，“此”以“此之谓也（乎/矣）”形式为主（65.1%），一般用于引书说明前文内容，“此”就是指称引文前面所说的内容，所指具体，指称功能明显，“此之谓也（乎/矣）”可译为“说的就是这个（事情、道理等）”。例如：

志意修則驕富貴，道義重則輕王公，內省而外物輕矣。傳曰：“君子役物，小人役於物。”此之謂矣。（《荀子·修身》）

夫為人臣者，進其爵祿富貴，父子兄弟相與比周於一國，㖏㖏焉相樂也，以危其社稷，其為灶突近也，而終不知也，其與燕雀之智不異矣。故曰：‘天下大亂，無有安國；一國盡亂，無有安家；一家皆亂，無有安身。’此之謂也。（《吕氏春秋·谕大》）

上例“此”指称引文前的“志意修則驕富貴，道義重則輕王公，內省而外物輕矣”这一道理。没有推断的意思在内，仅仅陈述。下例“此”也是对于上文内容的指称，意思为“天下大亂，無有安國；一國盡亂，無有安家；一家皆亂，無有安身。”说的就是上文“夫為人臣者，進其爵祿富貴，父子兄弟相與比周於一國，㖏㖏焉相樂也，以危其社稷，其為灶突近也，而終不知也，其與燕雀之智不異矣”的情况。不含有推论。

“是”以“是之谓××”形式为主（91.7%），用于对上文论述的总结或概括，“是”除了指称功能，还隐含有推理的意义。“是之谓”可译为“这样的情况，称为”，如下。

成而上比者，與古爲徒。其言雖教，讁之實也。古之有也，非吾有也。若然者，雖直不爲病，是之謂與古爲徒。（《庄子·人间世》）

凡食無彊厚，味無以烈味重酒，是以謂之疾首。食能以時，身必無災。凡食之道，無飢無飽，是之謂五藏之葆。(《吕氏春秋·尽数》)

上例“是之谓××”中，“是”不是直接指称上文小句内容，而是上文先论述“成而上比者，與古爲徒。其言雖教，謫之實也。古之有也，非吾有也”的前提，在此前提下，“若然者，雖直不爲病”，这样的情况下，才推断出结论“是之謂與古爲徒”。下例与此同，也是先论述“凡食無彊厚，味無以烈味重酒，是以謂之疾首。食能以時，身必無災”的前提，然后在“凡食之道，無飢無飽”的情况下，称为“五藏之葆”。

“此之谓也(乎/矣)”与“是之谓××”这一对立，在《荀子》中体现得尤为明显。还有很多地方“是之谓××”与“此之谓也”连用。举例如下。

君子寬而不僈，廉而不劌，辯而不争，察而不激，直立而不勝，堅彊而不暴，柔從而不流，恭敬謹慎而容，夫是之謂至文。詩曰：“温温恭人，惟德之基。”此之謂矣。(《荀子·不苟》)

故君子賢而能容罷，知而能容愚，博而能容淺，粹而能容雜，夫是之謂兼術。詩曰：“徐方既同，天子之功。”此之謂也。(《荀子·非相》)

士君子之所能不能爲：君子能爲可貴，不能使人必貴己；能爲可信，而不能使人必信己；能爲可用，不能使人必用己。故君子恥不修，不恥見汙；恥不信，不恥不見信；恥不能，不恥不見用。是以不誘於譽，不恐於誹，率道而行，端然正己，不爲物傾側，夫是之謂誠君子。詩云：“温温恭人，維德之基。”此之謂也。(《荀子·非十二子》)

这应该与《荀子》为独白体，且多为说理有关。说理多，推论就多，所以常用“是之谓××”；同时为了印证自己的观点，经常引用古人论述，从而使自己的阐述更为可信，“此之謂也”也就成为常用格式。

②不与先行语紧邻情况考察。

“此”“是”处于主语位置，不与先行语紧邻，有以下几种情况。

一是先行语与指示代词之间有间隔小句，“此”“是”均有，如下。

咸丘蒙問曰：“語云，‘盛德之士，君不得而臣，父不得而子。’舜南面而立，堯帥諸侯北面而朝之，瞽瞍亦北面而朝之。舜見瞽瞍，其容有蹙。孔子曰:‘於斯時也,天下殆哉,岌岌乎!’不識(此)語誠然乎哉?”孟子曰:“否;此(s)非君子之言,齊東野人之語也。(《孟子·万章上》)

孔子見魯哀公,哀公曰:“有語寡人曰:‘為國家者,為之堂上而已矣。’寡人以為迂言也。”孔子曰:“此(s)非迂言也。(《吕氏春秋·先己》)

倉葛呼曰:“君補王闕,以順禮也。陽人未狎君德,而未敢承命。君將殘之,無乃非禮乎!陽人有夏、商之嗣典,有周室之師旅,樊仲之官守焉,其非官守,則皆王之父兄甥舅也。君定王室而殘其姻族,民將焉放?敢私布之於吏,唯君圖之!”公曰:“是(s)君子之言也。”(《国语·晋语四》)

子貢曰:“如此者可謂窮矣。”孔子曰:“是(s)何言也?君子達於道之謂達,窮於道之謂窮。(《吕氏春秋·慎人》)

二是先行语与指示代词之间有“夫”,仅见“是”[1](88例),如下。

昔齊騶馬繻以胡公入於具水,邴歜、閻職戕懿公於囿竹,晉長魚矯殺三郤於榭,魯圉人犖殺子般於次,夫是(s)誰之故也,非唯舊怨乎?(《国语·楚语下》)

君子寬而不僈,廉而不劌,辯而不争,察而不激,直立而不勝,堅彊而不暴,柔從而不流,恭敬謹慎而容,夫是(s)之謂至文。(《荀子·不苟》)

三是先行语与指示代词之间有“则”,“是”(72例),如下。

今者王公大人為政於國家者,皆欲國家之富,人民之眾,刑政之治,然而不得富而得貧,不得眾而得寡,不得治而得亂,則是(s)本失其所欲,得其所惡。(《墨子·尚贤》)

雖重聖人而治天下,則是(s)重利盗跖也。(《庄子·胠箧》)

今有人於此,行於親重,而不簡慢於輕疏,則是(s)篤謹孝道,先王之所以治天下也。(《吕氏春秋·孝行》)

冯胜利(2003)认为,在“s一是一谓语”语境中,由于副词“则”,把“是”推进停顿位置,“是”的复指功能变得模糊,“是”的强调功能开始弱化,“是”和谓语之间的停顿逐步减弱。这是他论证指示代词发展为系词的重要一步,即由于副词出现在“是”前面,“是”用作动词,然而事实并非

---

[1] 检索大部分先秦典籍,仅见《荀子》2例(夫此有常/夫此顺命),当属例外。

如此。首先，刘淇《助字辩略》：“则是、是则，其义并同，承上文为断词也。”[1]“二者语法作用相同，语义相同，‘则是’应视为‘是则’的变体。”[2]这里“是”虽指代作用减弱，但所处的句法位置与复指的“是”相同，指代性质隐约可见。

其次，“此”前也有用“则”的情况，例如：

若使之治國家，則此使不智慧者治國家也，國家之亂既可得而知已。(《墨子·尚贤中》)

夫不能治千人者，使處乎萬人之官，則此官什倍也。夫治之法將日至者也，日以治之，日不什脩，知以治之，知不什益，而予官什倍，則此治一而棄其九矣。(《墨子·尚贤中》)

湯誓云：‘聿求元聖，與之戮力同心，以治天下。’則此言聖之不失以尚賢使能為政也。(《墨子·尚贤中》)

無發無動，莫如無有可利，則此之謂重閉。(《吕氏春秋·节丧》)

我们认为此处“则”可以理解为具有某种语义联系的复句的标记。并不能算“是”转化为系词的动因。

“此”前还有用“即”的语例，如下。

泰誓曰：‘文王若日若月，乍照，光于四方于西土。’即此言文王之兼愛天下之博大也，譬之日月兼照天下之無有私也。”即此文王兼也，雖子墨子之所謂兼者，於文王取法焉。(《墨子·兼爱下》)

因此，冯所描绘的指示代词“是”发展为系词“是”的轨迹是值得商榷的。“是”前有副词“则”并不能说明为什么只有“是”发展为系词，而“此”没有。

(4)隐性回指。

①指时间、处所的情况考察。

隐性回指中指示时间、处所的情况如表3-13所示。

---

[1] 刘淇. 助字辩略[M]. 章锡琛，校注，北京：中华书局，2004：123.

[2] 孙锡信. 汉语历史语法丛稿[M]. 上海：汉语大词典出版社，1997：96.

表3-13 隐性回指中指示时间、处所的情况

（单位：例）

回指内容	指示代词	
	此（斯）	是
时间	12	66
处所	143	11

隐性回指中其先行语为时间、处所的，“此”主要指处所（92.3%），“是”主要指时间（85.7%）。时间是一个比空间更虚化的范畴，这是“此（斯）”的指示功能强于“是”又一表现。

“此”“是”都可以做“於”的介词宾语。“於此”后的“此”几乎都是表处所的，如下。

士會在秦三年，不見士伯。其人曰：“能亡人於國，不能見於此（o），焉用之？”士季曰：“吾與之同罪，非義之也，將何見焉？”及歸，遂不見。（《左传·文28》）

子墨子游耕柱子於楚，二三子過之，金食之三升，客之不厚。二三子復於子墨子曰：“耕柱子處楚無益矣。二三子過之，食之三升，客之不厚。”子墨子曰：“未可智也。”毋幾何而遺十金於子墨子，曰：“後生不敢死，有十金於此（o），願夫子之用也。”子墨子曰：“果未可智也。”（《墨子·耕柱》）

以上“此”所指处所比较具体，“此”还有表虚拟处所的，如下。

猶不改。宣子驟諫，公患之，使鉏麑賊之。晨往，寢門闢矣，盛服將朝。尚早，坐而假寐。麑退，歎而言曰：“不忘恭敬，民之主也。賊民之主，不忠；棄君之命，不信。有一於此（o），不如死也。”觸槐而死。（《左传·宣2》）

陳臻問曰：“前日於齊，王饋兼金一百而不受；於宋，饋七十鎰而受；於薛，饋五十鎰而受。前日之不受是，則今日之受非也；今日之受是，則前日之不受非也；夫子必居一於此（o）矣。”（《孟子·公孙丑下》）

“今有N於此”是古人打比方常用的一种句式，“今”“此”均非实指，在本文考察的范围内未见“是”有这种情况，如下。

今有聲於此(o),耳聽之必慊,已聽之則使人聾,必弗聽。有色於此(o),目視之必慊,已視之則使人盲,必弗視。有味於此(o),口食之必慊,已食之則使人瘖,必弗食。(《吕氏春秋·本生》)

直接指示中,“於是”后的“是”都是表时间的,如下。

於是(o)諸侯之大夫戍齊,齊人饋之餼,使魯爲其班。(《左传·桓6》)

於是(o)吴王起師,軍於江北,越王軍於江南。(《国语·吴语》)

於是(o)泰清問乎无窮曰:“子知道乎?”(《庄子·知北游》)

造成这一差异的原因,应当是由于“於是”“於此”所处句法位置不同。“於此”也有极个别“此”表示时间的例子,当“於此”表时间是亦在动词谓语前,这应当与上古汉语时间(时点)的表达都处于谓词之前的位置有关。

東郭書曰:“三戰必死,於此(o)三矣。”(《左传·哀11》)

事君勇謀,於此(o)用之。今夕必挑戰,以廣民心。(《国语·吴语》)

今王公大人、天下之諸侯則不然,將必皆差論其爪牙之士,皆(比之誤)列其舟車之卒伍,於此(o)為堅甲利兵,以往攻伐無罪之國。(《墨子·非攻下》)

另,除句法位置的原因,时间是一个比空间更虚化的范畴,这与部分“於是”虚化为话语标记,而“於此”却没有,也有一定关联。

②指事情、状况等。

考察9部文献中“此”“是”的隐性回指情况,发现“此”“是”用在“及”后指代状况时表现出明显差异:“此”24见,“是”2见。

“此”作“及”的宾语表示状况24见,可用于陈述句,如下。

夏四月,周公忌父、王子黨會齊隰朋立晉侯。晉侯殺里克以説。將殺里克,公使謂之曰:“微子,則不及此。雖然,子殺二君與一大夫,爲子君者,不亦難乎?”(《左传·僖10》)

子玉怒,從晉師。晉師退。軍吏曰:“以君辟臣,辱也。且楚師老矣,何故退?”子犯曰:“師直爲壯,曲爲老,豈在久乎?微楚之惠不及此,退三舍辟之,所以報也。背惠食言,以亢其讎,我曲楚直,其衆素飽,不可謂老。我退而楚還,我將何求?若其不還,君退臣犯,曲在彼矣。”退三舍。楚衆欲止,

子玉不可。(《左传·僖28》)

可以用于疑问句,例如:

晉人楚軍,三日穀。范文子立於戎馬之前,曰:"君幼,諸臣不佞,何以及此?君其戒之!周書曰:'惟命不于常',有德之謂。"(《左传·成16》)

莊子之楚,見空髑髏,髐然有形,撽以馬捶,因而問之曰:"夫子貪生失理,而爲此乎?將子有亡國之事,斧鉞之誅,而爲此乎?將子有不善之行,愧遺父母妻子之醜,而爲此乎?將子有凍餒之患,而爲此乎?將子之春秋故及此乎?"(《庄子·至乐》)

"是"作"及"的宾语表示状况仅2见,都出现于陈述句,例如:

叔向曰:"何害也?匹夫一爲不信,猶不可,單斃其死。若合諸侯之卿,以爲不信,必不捷矣。食言者不病,非子之患也。夫以信召人,而以僭濟之,必莫之與也,安能害我?且吾因宋以守病,則夫能致死。與宋致死,雖倍楚可也,子何懼焉?又不及是。曰弭兵以召諸侯,而稱兵以害我,吾庸多矣,非所患也。"(《左传·襄27》)

三年春二月辛卯,邾子在門臺,臨廷。閽以缾水沃廷,邾子望見之,怒。閽曰:"夷射姑旋焉。"命執之。弗得,滋怒,自投于牀,廢于鑪炭,爛,遂卒。先葬以車五乘,殉五人。莊公卞急而好潔,故及是。(《左传·定3》)

通过比较发现,"此"作"及"的宾语表示程度或状况,都出现于当前对话中,并且表示已经发生的状况;"是"作"及"的宾语表示程度或状况,两例中,上例"是"指代的状况未发生,下例"是"不在对话中,而是叙述者的论述。

(5)"此"的回指与预指比较。

"此"的上下指是一个十分重要的问题,它涉及心理学、语言学等多个领域。吕叔湘先生指出汉语中"这"存在回指和预指(他在文中称为前指)情况。[1]这里我们探讨的是,指代词"此"的回指和预指有何差别,在句法功能、称代方式、指代对象等方面有何表现。

---

[1] 吕叔湘. 近代汉语指代词[M]//吕叔湘. 吕叔湘文集(第3卷). 北京:商务印书馆,1992:202-205.

①从对象上看，“此”回指时，可以指代时间，而“此”预指时不能。如下。

子高曰：“昔堯治天下，不賞而民勸，不罰而民畏。今子賞罰而民且不仁，德自此(o)衰，刑自此(o)立，後世之亂自此(o)始矣。夫子闔行邪？无落吾事！”(《庄子·天地》)。

这里的“此”是指代前文的“今”。

指示代词“此”回指和预指时，其所指代对象可以是事物或者概念。如下。

齊大旱逾時，景公召群臣問曰：“天不雨久矣，民且有饑色。吾使人卜，云，祟在高山廣水。寡人欲少賦斂以祠靈山，可乎？”群臣莫對。晏子進曰：“不可！祠此(o)無益也。夫靈山固以石為身，以草木為髮，天久不雨，髮將焦，身將熱，彼獨不欲雨乎？祠之無益。”(《晏子春秋·内篇谏上》)

書曰：“無有作好，遵王之道；無有作惡，遵王之路。”此(s)言君子之能以公義勝私欲也。(《荀子·修身》)

今天下之士君子，皆明於天子之正天下也，而不明於天之正天子也。是故古者聖人明以此(o)說人曰：“天子有善，天能賞之；天子有過，天能罰之。”(《墨子·天志下》)

上例“此”指代的对象为事物“灵山”，中例“此”指代的对象是“無有作好，遵王之道；無有作惡，遵王之路”，回指；下例“此”指代的对象为“天子有善，天能賞之；天子有過，天能罰之”，是预指。

②从句法功能上来看，“此”回指和预指也是有所差别的。“此”回指时一般是回指上文所说内容，因此常作主语，如下。

詩曰：“左之左之，君子宜之；右之右之，君子有之。”此(s)言君子能以義屈信變應故也。(《荀子·不苟》)

注焉而不滿，酌焉而不竭，而不知其所由來，此(s)之謂葆光。(《庄子·齐物论》)

回指的“此”还可以作宾语。作动词宾语的，如下。

夫馬，陸居則食草飲水，喜則交頸相靡，怒則分背相踶，馬知已此(o)

矣。(《庄子·马蹄》)

為宫室之法,曰:“室高足以辟潤濕,邊足以圉風寒,上足以待雪霜雨露,宫牆之高足以别男女之禮。”謹此(o)則止,凡費財勞力、不加利者,不為也。(《墨子·辞过》)

“此”也有作介词宾语的,如下。

子列子問關尹曰:“至人潛行不窒,蹈火不熱,行乎萬物之上而不栗。請問何以至於此(o)?”(《庄子·达生》)

晏子曰:“君過矣! 夫厚藉斂不以反民,棄貨財而笑左右,傲細民之憂,而崇左右之笑,則國亦無望已。且夫孤老凍餒,而死狗有祭,鰥寡不恤,死狗有棺,行辟若此(o),百姓聞之,必怨吾君,諸侯聞之,必輕吾國。怨聚于百姓,而權輕于諸侯,而乃以為細物,君其圖之。”(《晏子春秋·内篇谏下》)

“此”预指也可作宾语,如下。

黄帝曰:“異哉小童! 非徒知具茨之山,又知大隗之所存。請問爲天下。”小童曰:“夫爲天下者,亦若此(o)而已矣,又奚事焉? 予少而自游於六合之内。予適有瞀病,有長者教予曰:‘若乘日之車而游於襄城之野。’今予病少痊,予又且復游於六合之外。”(《庄子·徐无鬼》)

但没有发现做主语的例子。与现代汉语“这”不同,“这”预指有做定语的例子,却没有做宾语的语例。

同时我们注意到,回指的“此”远远超过预指的“此”的数目, 原因何在呢? 金红莲先生指出[1],旧信息是指代现象不可避免的特性,回指的“此”所指代的也正是旧信息;另外,先行语出现在“此”之前,比较符合言语交际中人们的认知心理,这样有助于我们理解语篇。

③从指代方式上来看,无论是回指还是预指,其方式可以是外显的,也可以是隐晦的,如下。

是故聖人之於聲色滋味也,利於性則取之,害於性則舍之,此(s)全性之道也。(《吕氏春秋·孟春纪》)

臨武君對曰:上得天時,下得地利,觀敵之變動,後之發,先之至,此(s)

---

[1] 金红莲. 指代略说[J]. 汉语学习,1999(3).

用兵之要術也。(《荀子·议兵》)

例中的“此”称代上文全部内容,它是外显的。也有隐晦的,需据文推测,如下。

孟子見梁惠王。王立於沼上,顧鴻雁麋鹿,曰:“賢者亦樂此(o)乎?”孟子對曰:“賢者而後樂此(o);不賢者,雖有此(o),不樂也。(《孟子·梁惠王章句上》)

今大鍾鳴鼓、琴瑟竽笙之聲既已具矣,大人鏽然奏而獨聽之,將何樂得焉哉?其說將必與賤人、不與君子。與君子聽之,廢君子聽治;與賤人聽之,廢賤人之從事。今王公大人惟毋為樂,虧奪民之衣食之財,以拊樂如此(o)多也,是故子墨子曰:“為樂非也。”(《墨子·非乐上》)

指示代词“此”所称代的内容是隐晦的,文章中没有直接出现,而是需要根据语境推测。而“此”预指时亦如此。

黃帝曰:“異哉小童!非徒知具茨之山,又知大隗之所存。請問爲天下。”小童曰:“夫爲天下者,亦若此(o)而已矣,又奚事焉?予少而自游於六合之內。予適有瞀病,有長者教予曰:‘若乘日之車而游於襄城之野。’今予病少痊,予又且復游於六合之外。(《庄子·徐无鬼》)

而现代汉语中“这”预指,其方式只能是外显的,如“这你就不知道了,他根本就没来。”

“此”预指出现的频率很低,且出现语境不规律,应当属于特例或萌芽。

三、小结

上古汉语十多个指示代词一般被分属在近指和远指两大类中,虽然有的语法书中指出了某些指示代词在语法意义或语法作用上的区别,但多数指示代词的区别没有得到应有的重视,似乎不少指示代词是等义的。[1]据王引之的《经传释词》,“兹、斯、之、是、此”五个指示代词是可以互相训释的同义词。杨树达先生的《高等国文法》也把“此、兹、斯、是、尔”等归在指示

[1] 郭锡良. 试论上古汉语指示代词的体系[M]//郭锡良. 汉语史论集. 北京:商务印书馆,2005:82.

代名词A类"近称'此'义诸字"中,并同样引用《尔雅》的训释。一般的文言语法,大多沿用王引之、杨树达先生的说法。杨伯峻先生在《文言语法》中说:"'是''斯''兹'诸字,都和口语的'这'字相当。除'兹'字只作宾语外,其余都可以作主语、宾语。"[1]

"'此'和'是'的分别更是一个语法学界没有定论而又比较难于解决的问题。"[2]郭锡良先生在全面考察《孟子》"此""是"的基础上认为:"凡真正'有形可迹'且'近而可指'的事物,只用'此',没有用'是'的","'是'只指抽象的事理或不在目前的事物"。这一点,我们在上文直接指示中已经指出,"是"也存在指称"有形可迹"且"近而可指"的事物,如下。

齊莊公朝,指殖綽、郭最曰:"是(s)寡人之雄也。"(《左传·襄21》)

韓昭釐侯視所以祠廟之牲,其豕小,昭釐侯令官更之。官以(是)豕來也,昭釐侯曰:"是(s)非嚮者之豕邪?"官無以對。(《吕氏春秋·任数》)

郭先生认为"此"与"是"除上述差异之外,它们的不同之处在于,"是""不是真正的近指代词,指示性不如'此'强",具体表现在"是""常常用来承指前文所举的事物,因此当它复指宾语时,就构成了上古汉语中宾语前置的特殊句式,'是'的指示性也有所虚化","还经常复指主语;由复指主语发展为后来的系词"。[3]吕叔湘先生也有类似论述:"'是'字的近指性也不及'此'强,用于承指比'此'更合适。"[4]

"此(斯)""是"在功能和句法上都极其相似,在上古汉语指示代词系统中却要并行使用,究竟它们的差异何在?为此,我们在句法分析研究的基础上,从语用功能角度,全面考察"此(斯)""是"。指示功能方面,对"此(斯)""是"作了重新划分,首先把"此(斯)""是"划分为直接指示和间接指

---

❶ 杨伯峻. 文言语法[M]. 北京:北京出版社,1962:56.

❷ 郭锡良. 试论上古汉语指示代词的体系[M]//郭锡良. 汉语史论集. 北京:商务印书馆,2005:99.

❸ 郭锡良. 试论上古汉语指示代词的体系[M]//郭锡良. 汉语史论集. 北京:商务印书馆,2005:101.

❹ 吕叔湘. 中国文法要略[M]. 北京:商务印书馆,1982:167.

示两部分，间接指示又划分出回指、预指的范畴，并引入回指中话题连续性及可及性理论中关于指称距离、显著性等概念，深入探讨“此（斯）”“是”的语用功能，并试图总结“此（斯）”“是”在功能与形式上的差异。

考察上古9部传世文献，我们发现“此（斯）”“是”的诸多差异，具体表现如下。

首先，直接指示中，“此（斯）”（34见）的出现频率要高于“是”（12见），“此（斯）”的指示性强于“是”。此外，“此（斯）”和“是”在直接指示类型中还存在些微差别：“此（斯）”主要以处于主语位置指物为主，“是”则以处于主语位置指人的情况为多。西周汉语中“是”不用于现场直指，春秋战国时期发展出了直指功能，且最初发展出直指功能，是从指人开始的，到战国末期才出现指示事物、处所的情况。且“此（斯）”既可以处于主语位置，也可以处于宾语位置指称人、物、处所等，而“是”仅处于主语位置指称人、物和处所。

其次，间接指示中，名词性回指，就指称距离来讲，“此（斯）”“是”的回指是介于零形回指与名词回指之间的一种形式。指称距离小于或等于3时，指称同处于宾语位置的先行语，一般选择处于显著性稍低的宾语位置的“此（斯）”指称，选择处于显著性高的主语位置的“是”指称，“此（斯）”处于比“是”不显著的位置，却指称具有相同显著度位置的人或事物；指称距离大于3时，当“此（斯）”“是”同处于主语位置，“是”指称显著性高的主语位置的人或事物，“此（斯）”则指称显著性略低的宾语位置的人或事物。“此（斯）”“是”处于相同显著度的位置，“此（斯）”先行语位置的显著度却低于“是”先行语位置的显著度。由此推断，“此（斯）”的指示功能要强于“是”。

动词性回指，“此（斯）”主要以处于宾语位置为主（85.7%），经常用来指称上文紧邻小句中的动词性成分，而“是”则主要处于谓语位置（57.1%）指称上文中出现的动词性成分。

小句性回指，当“此（斯）”“是”处于主语位置，并与其所指称小句紧邻时，“此”后谓语以名词谓语为主（63.8%），主谓谓语的情况很少（2.8%）。“是”后的谓语形式比较自由，以动词或形容词谓语形式为主（66.4%）。“此”主要与名词谓语构成判断句，“此”是判断对象，即具有代词功能的主语，与名词判断句类似，主要功能为对先行语进行陈述。而“是”则更容易与谓词性成分构成判断句。后接内容并不只是陈述,而是根据上文内容推断出新的结论,“是”在推论的语境中具有更大的适应性。

“此”“是”判断句的比较,表意功能上,“此”判断句绝大多数不是表示经过断定得出的新结论,而是表示众所周知的事理,且在复句中,“此”句不是居于尾分句的结论位置,而是居于首分句的议题位置;而“是”判断句的情况是,当名词判断句与“是”判断句同时出现,名词判断句往往位于相关复句的前面,以便在作出判断之前交代情况,而“是”判断句则位于句末作出判断结论,且在复句中,“是”判断句总是居于尾分句的结论位置。出现这一现象的原因在于,“是”除了指称的作用外,还隐含有推理的意义,推论是其独特的表意功能。

使用语境上,假设语境中,“此”与“是”的使用几乎是对立的,绝大多数都用“是”,而很少用“此”。因果语境中,则以用“此”为多。假设的事情一般都是没有发生的,虚拟的,非直接可感知的;因果语境的前提,一般都是既成的事实,是具体可感知的,前者常用“是”,后者常用“此”,体现出“此”“是”指示功能强弱的差异,“此”的指示功能强于“是”。

“此/是 + 之谓”的两种情况:“此/是之谓也(乎/矣)”;与“此/是之谓××”,统计得出,“此”以“此之谓也(乎/矣)”形式为主(65.1%),一般用于引书说明前文内容,“此”就是指称引文前面所说的内容,所指具体,指称功能明显;“是”以“是之谓××”形式为主(91.7%),用于对上文论述的总结或概括,“是”除了指称功能,还隐含有推理的意义。

隐性回指中,当先行语为时间、处所时,“此(斯)”主要指处所(92.3%),“是”主要指时间(85.7%)。“此”“是”都可以做“於”的介词宾语。“於此”后的“此”几乎都表处所,“此”既可以表示具体处所,也可指示虚拟处所;“於是”后的“是”都表时间,且都在谓词之前。时间是一个比空间更虚化的范畴,“此(斯)”主要用于指称处所,而“是”主要用于指称时间,这是“此(斯)”的指示功能强于“是”又一表现。

归根结底,“此(斯)”“是”的差异主要原因在于:一方面,“此(斯)”的指示性要强于“是”;另一方面,“是”除了指示功能,本身还含有推理的意义。

第二节　彼、夫

一、句法分布及其指示类型

1. 句法位置比较

“彼”“夫”的句法分布如表3-14所示。

表3-14　“彼”“夫”的句法分布

（单位：例）

指示代词	句法位置				
	主语	定语	宾语	谓语	状语
彼	13（11.9%）	62（4）（60.6%）	27（24.8%）	2（1.8%）	1（0.9%）
夫	7（4.5%）	（150）（95.5%）	0	0	0

表3-14显示“彼”的句法位置的数量等级为定语>宾语>主语>谓语>状语，“彼”以处于定语位置为最主要的形式；“夫”只出现在主语和定语位置，定语>主语。可见“彼”“夫”主要功能为指别，而不是称代。下面我们主要考察“彼”的指示类型。

2.“彼”的指示类型

“彼”的句法分布及指示类型如表3-15所示。

表3-15　“彼”的句法分布及指示类型

（单位：例）

指示类型				指示代词的句法位置			
				s	o	v	z
间接指示	回指	显性回指	名词性	2	7	—	—
			动词性	—	—	—	—
			小句性	—	—	—	—

<table>
<tr><td colspan="4" rowspan="2">指示类型</td><td colspan="4">指示代词的句法位置</td></tr>
<tr><td>s</td><td>o</td><td>v</td><td>z</td></tr>
<tr><td rowspan="4">间接指示</td><td rowspan="3">回指</td><td rowspan="3">隐性回指</td><td>时间</td><td>—</td><td>—</td><td>—</td><td>—</td></tr>
<tr><td>处所</td><td>—</td><td>7</td><td>—</td><td>—</td></tr>
<tr><td>事件等</td><td>11</td><td>13</td><td>2</td><td>1</td></tr>
<tr><td colspan="3">预指</td><td>—</td><td>—</td><td>—</td><td>—</td></tr>
</table>

由表3–15可见,“彼”只有间接指示的情况,而未见直接指示的情形。间接指示中,只有回指的类型,未见预指的类别。回指情况也比较单一,以隐性回指为主(79.1%)。显性回指中只有名词性回指一种类别。

“彼”名词性回指,以处于宾语位置为主(77.8%),举例如下。

楚四竟之田,曠蕪而不可勝辟,呼虛數千,不可勝入,見宋、鄭之閒邑,則還然竊之,此與彼(s)異乎?(《墨子·耕柱》)

所敬在此,所長在彼(o),果在外,非由內也。(《孟子·告子上》)

以上“彼”指代人。

故不爲軒冕肆志,不爲窮約趨俗,其樂彼(o)與此同,故无憂而已矣。(《庄子·缮性》)

彼(s)以利合,此以天屬也。(《庄子·山木》)

在上爲烏鳶食,在下爲螻蟻食,奪彼(o)與此,何其偏也?(《庄子·列御寇》)

以上“彼”指代物。

彼(s)一時,此一時也。(《孟子·公孙丑下》)

上例“彼”指代时间。

管子束縛在魯。桓公欲相鮑叔。鮑叔曰:“吾君欲霸王,則管夷吾在彼(o),臣弗若也。”(《吕氏春秋·赞能》)

以上“彼”指代处所。

“彼”隐性回指的情况,也以处于宾语位置为多(58.8%),举例如下。

若以此若三國者觀之,則亦猶薄矣。若以中國之君子觀之,則亦猶厚矣。如彼(o)則大厚,如此則大薄,然則葬埋之有節矣。(《墨子·

节葬下》)

王子宫室、車馬、衣服多與人同,而王子若彼(o)者,其居使之然也。(《孟子·尽心上》)

“彼”与“此”对举,指代不明确的情况很多,例如:

疆埸之邑,一彼(v)一此,何常之有?(《左传·昭1》)

此與彼(s)同類,世有彼(o)而不自非也,墨者有此而衆非之,無也故焉,所謂內膠外閉,與心毋空乎,內膠而不解也。(《墨子·小取》)

“夫”虽没有与“此”对举的现象,但“夫”短语有与“此”短语对举的情况,如下。

上其手,曰:“夫子爲王子圍,寡君之貴介弟也。”下其手,曰:“此子爲穿封戌,方城外之縣尹也。誰獲子?”(《左传·襄26》)

不以夫一害此一謂之壹。(《荀子·解蔽》)

二、指示特点及其规律

1. 名词性回指

“彼”的指称距离如表3-16所示。

表3-16 名词性回指中“彼”的指称距离

(单位:例)

指示代词	指称距离												
	0	1	2	3	4	5	6	7	8	9	10	>10	平均距离
彼	—	—	5	1	3	—	—	—	—	—	—	—	2.8

“彼”的平均指称距离为2.8,与“此(斯)”“是”的指称距离接近,但仍处于零形回指与名词回指之间。指称距离大于3的3例如下。

孟子去齊,充虞路問曰:“夫子若有不豫色然。前日虞聞諸夫子曰:‘君子不怨天,不尤人。’”子曰:“彼(s)一時,此一時也。”(《孟子·公孙丑下》)

孔子問子桑雽曰:"吾再逐於魯,伐樹於宋,削跡于衛,窮于商、周,圍于陳、蔡之間。吾犯此數患,親交益疏,徒友益散,何與?"子桑雽曰:"子獨不聞假人之亡與?林回棄千金之璧,負赤子而趨。或曰:'爲其布與?赤子之布寡矣;爲其累與?赤子之累多矣;棄千金之璧,負赤子而趨,何也?'林回曰:'彼(s)以利合,此以天屬也。'"(《庄子·山木》)

上两例,指示代词"彼"都处于主语位置,且为对话的回答部分,其先行语则出现在对话的提问部分。

管子束縛在魯。桓公欲相鮑叔。鮑叔曰:"吾君欲霸王,則管夷吾在彼(o),臣弗若也。"(《吕氏春秋·赞能》)

该例指示代词"彼"处于宾语位置,其先行语为对话背景中所提及的地点。

2. 隐性回指中指示时间、处所的情况考察

隐性回指中"彼"只见指代处所,未见指代时间的情况,并多指代虚拟处所,且以与"此"对举为常,如下。

備物以將形,藏不虞以生心,敬中以達彼(o)。(《庄子·庚桑楚》)

有人於彼(o),修上而趨下,末僂而後耳,視若營四海。(《庄子·外物》)

商、周之國,謀失於胸,令困於彼(o)。(《吕氏春秋·先己》)

非謂其躁也,謂其為之於此,而成文於彼(o)也。(《吕氏春秋·先己》)

悲存乎心而木石應之,故君子誠乎此而諭乎彼(o),感乎己而發乎人,豈必彊說乎哉?(《吕氏春秋·精通》)

三、小结

"彼""夫"同为远指代词,都以处于定语位置为主要形式,以指示为主要功能。但同时也存在差异:句法分布上,"彼"可以处于主语、定语、宾语、谓语等位置,"夫"只见处于主语、定语位置的情况。

"彼"在指示类型上,只有间接指示,而无直接指示的情形。间接指示中,只有回指的类型,未见预指的类别。回指情况也比较单一,以隐性回指为主(79.1%)。显性回指中只有名词性回指一种类别,且以处于宾语位置为主(77.8%)。"彼"隐性回指的情况,也以处于宾语位置为多(58.8%)。"彼"

的指称距离为2.8，与“此（斯）”“是”的指称距离接近，同样介于零形回指与名词回指的指称距离之间。

第四章　指示短语中指示代词的功能研究

前文我们提到,汉语中的指示形式除单独使用的指示代词之外,也有“指示代词+NP”与“指示代词+VP”的分别,然“指示代词+VP”的形式比较少见,就我们对上古9部文献的考察看来,上古指示短语的类别只有指示代词作名词定语的情况。现代汉语中“指示代词+VP”的情况也不常见。

本章主要考察上古9部文献中,“此(斯)”“是”“彼”“夫”“其”“之”各指示代词处于定语位置时,其主要功能为何,同时引进西方语言学中关于指示代词“冠词化”的理论,探讨上古汉语指示代词是否也存在如其他语言中所出现的“冠词化”现象。最后,分析上古汉语中“於是”“是故”“然而”等固定结构发展为话题标记的功能。

第一节　上古汉语指示代词短语的形式

一、指示代词+NP(1128例)

“指示代词+NP”是上古汉语指示短语最主要的形式,占98.6%。NP有名词(短语)和数词短语之分。统计如表4-1所示。

表4-1　各指示代词短语的类型

(单位:例)

短语类型	指示代词					
	此(斯)	是	彼	夫	之	其
名词短语	213 (56.2%)	239 (89.8%)	62 (100%)	139 (92.7%)	20 (60.6%)	222 (93.3%)

（续表）

短语类型	指示代词					
	此（斯）	是	彼	夫	之	其
数词短语	166（43.8%）	27（10.2%）	—	11（7.3%）	13（39.4%）	16（6.7%）
总计	379	266	62	150	33	238

表4-1显示，“此（斯）”后所接名词或名词短语的比例（56.2%）与所接数词短语的比例（43.8%）相当。其余“是”“彼”“夫”“之”“其”后都以接名词或名词短语为主要形式。指示代词后为名词或名词短语的情况，举例如下。

齊侯不務德而勤遠略，故北伐山戎，南伐楚，西爲此會也。（《左传·僖9》）

初，楚子將以商臣爲大子，訪諸令尹子上。子上曰：“君之齒未也，而又多愛，黜乃亂也。楚國之舉，恒在少者。且是人也，蠭目而豺聲，忍人也，不可立也。”（《左传·文1》）

彼霸者則不然：辟田野，實倉廩，便備用，案謹募選閲材伎之士，然後漸慶賞以先之，嚴刑罰以糾之。（《荀子·王制》）

吾又悲夫悲人之悲者，其後而日遠矣。（《庄子·徐无鬼》）

后來是良日也，之子是必大吉。（《吕氏春秋·音初》）

子曰：“赐也！尔爱其羊，我爱其礼。”（《论语·八佾》）

指示代词后为数词短语的，举例如下。

今吾生之為我有，而利我亦大矣。論其貴賤，爵為天子，不足以比焉；論其輕重，富有天下，不可以易之；論其安危，一曙失之，終身不復得。此三者，有道者之所慎也。（《吕氏春秋·重己》）

昔先大夫荀伯自下軍之佐以政，趙宣子未有軍行而以政，今欒伯自下軍往。是三子也，吾又過於四之無不及。（《国语·周语中》）

夫二子者，或輓之，或推之，欲無入，得乎？（《左传·襄14》）

之二者，臣為大王無取焉。（《吕氏春秋·顺说》）

故務其三時，修其五教，親其九族，以致其禋祀。（《左传·桓6》）

二、指示代词＋之＋N(16例)

这一形式只见于“此”“是”“彼”,“夫”“其”未见。

“此”(11例):

當此之時,本無有敢紛天子之教者。(《墨子·尚同中》)

當此之時,不鼓而不退也,越國之士可謂顫矣。(《墨子·兼爱下》)

當此之時,民無飢,君反以罪臣。(《晏子春秋·外篇》)

當此之時,飢者過半矣,君迺反迎而賀。(《晏子春秋·外篇》)

若此之時,則至治已。(《庄子·胠篋》)

今無此之危,無此之醜,其為利甚厚,乘車食肉,澤及子孫,雖聖人猶不能禁,而況於亂?(《吕氏春秋·节丧》)

故王者不四,霸者不六,亡國相望,囚主相及。得士則無此之患。(《吕氏春秋·观世》)

“是”(3例):

當是之時,堅車良馬不知貴也,刻鏤文采不知喜也。(《墨子·辞过》)

當是之時,周人從者莫不見,遠者莫不聞,著在周之春秋。(《墨子·明鬼下》)

今子宋子以是之情爲欲寡而不欲多也,然則先王以人之所不欲者賞,而以人之欲者罰邪?(《荀子·正论》)

“彼”(2例):

悲夫,世人以形色名聲爲足以得彼之情!夫形色名聲果不足以得彼之情,則知者不言,言者不知,而世豈識之哉?(《庄子·天道》)

“指示代词＋之＋N”的形式半数N都是“时”(8/16),放在句首作时间状语,用“之”凑足音节。这只占指示短语很少的一部分(1.4%)。下文主要讨论“指示代词＋NP”的形式。

第二节 “指示代词+NP”的指示功能

上古汉语中“指示代词＋NP”的指示情况也分为两种，一种是直接指示，如下。

莊子行於山中，見大木，枝葉盛茂，伐木者止其旁而不取也。問其故，曰：“无所可用。”莊子曰：“此木以不材得終其天年。”(《庄子·山木》)

公下堂就晏子曰：“梁丘據、裔款以室之成告寡人，是以竊襲此服，與據為笑，又使夫子及，寡人請改室易服而敬聽命，其可乎？”(《晏子春秋·内篇谏下》)

上其手，曰：“夫子爲王子圍，寡君之貴介弟也。”下其手，曰：“此子爲穿封戌，方城外之縣尹也。誰獲子？”(《左传·襄26》)

師行過周，王孫滿要門而窺之，曰：“嗚呼！是師必有疵。若無疵，吾不復言道矣。”(《吕氏春秋·悔过》)

另一种是间接指示，如下。

楚文王伐申，過鄧。鄧祁侯曰：“吾甥也。”止而享之。騅甥、聃甥、養甥請殺楚子。鄧侯弗許。三甥曰：“亡鄧國者，必此人也。”(《左传·庄6》)

時子因陳子而以告孟子；陳子以時子之言告孟子。孟子曰：“然。夫時子惡知其不可也？(《孟子·公孙丑下》)

彼霸者則不然：辟田野，實倉廩，便備用，案謹募選閱材伎之士，然後漸慶賞以先之，嚴刑罰以糾之。(《荀子·王制》)

陳成常與宰予，之二臣者甚相憎也，臣恐其相攻也。(《吕氏春秋·慎势》)

丁公伐曲沃勝之，止其財，出其民。公日自涖之，有輿死人以出者，公怪之，令吏視之，則其中金與玉焉。吏請殺其人，收其金玉。(《晏子春秋·内篇谏下》)

第三节 "指示代词＋NP"中指示代词的功能

一、指示代词与定冠词

指示代词在指示短语中的作用，除了指示外，主要用来标示有定。如前文所举。

季孫曰："異哉子叔疑！使己為政，不用，則亦已矣，又使其子弟為卿。人亦孰不欲富貴？而獨於富貴之中有私龍斷焉。"古之為市也，以其所有易其所無者，有司者治之耳。有賤丈夫焉，必求龍斷而登之，以左右望而罔市利。人皆以為賤，故從而征之。征商自此賤丈夫始矣。(《孟子·公孙丑下》)

"有N"句中，N通常被称为引进的话题，是无定的(如"有人来了")，"有賤丈夫焉"中"贱丈夫"也是无定的，而下文"此贱丈夫"显然是有定的，"此"在这里有标示有定的作用。

上古汉语"指示代词＋NP"中的指示代词，绝大部分都是用来指称前文出现过的NP，起标示有定的作用。统计如表4-2所示。

表4-2 "指示代词＋NP"中标示有定的指示代词数目

(单位:例)

指示代词	此(斯)	是	彼	夫	之	其
数目	376 (99.2%)	264 (99.2%)	56 (89.3%)	135 (90.0%)	32 (97.0%)	231 (97.1%)

"此"(斯)(376例)，举例如下。

既享，宴于季氏。有嘉樹焉，宣子譽之。武子曰："宿敢不封殖此樹，以無忘角弓。"(《左传·昭2》)

若以越國之罪爲不可赦也，將焚宗廟，係妻孥，沈金玉於江，有帶甲五千人，將以致死，乃必有偶。是以帶甲萬人事君也，無乃即傷君王之所愛

乎？與其殺是人也，寧其得此國也，其孰利乎？”(《国语·越语上》)

伯牛有疾，子问之，自牖执其手，曰：“亡之，命矣夫！斯人也而有斯疾也！斯人也而有斯疾也！(《论语·雍也》)

夏桀染於干辛、推哆，殷紂染於崇侯、惡來，厲王染於厲公長父(厲，虢之誤)、榮夷終，幽王染於傅公夷、蔡公穀。此四王者，所染不當，故國殘身死，為天下僇。舉天下不義辱人，必稱此四王者。(《墨子·所染》)

景公問于晏子曰：“為政何患？”晏子對曰：“患善惡之不分。”公曰：“何以察之？”對曰：“審擇左右。左右善，則百僚各得其所宜，而善惡分。”孔子聞之曰：“此言也信矣！善進，則不善無由入矣；不善進，則善無由入矣。”(《晏子春秋·内篇问上》)

老而無妻曰鰥，老而無夫曰寡，老而無子曰獨，幼而無父曰孤。此四者，天下之窮民而無告者。(《孟子·梁惠王下》)

吾聞楚有神龜，死已三千歲矣，王巾笥而藏之廟堂之上。此龜者，寧其死爲留骨而貴乎？寧其生而曳尾於塗中乎？(《庄子·秋水》)

是以堯伐驩兜，舜伐有苗，禹伐共工，湯伐有夏，文王伐崇，武王伐紂，此四帝兩王，皆以仁義之兵，行於天下也。(《荀子·议兵》)

孔子學於老聃、孟蘇夔、靖叔。魯惠公使宰讓請郊廟之禮於天子，桓王使史角往，惠公止之，其後在於魯，墨子學焉。此二士者，無爵位以顯人，無賞祿以利人，舉天下之顯榮者必稱此二士也。(《吕氏春秋·当染》)

是(264例)，举例如下。

筮之，遇大有之睽，曰：“吉。遇‘公用享于天子’之卦。戰克而王饗，吉孰大焉？且是卦也，天爲澤以當日，天子降心以逆公，不亦可乎？(《左传·僖25》)

幽王二年，西周三川皆震。伯陽父曰：“周將亡矣！……”是歲也，三川竭，岐山崩。十一年，幽王乃滅，周乃東遷。(《国语·周语上》)

子曰：“‘善人为邦百年，亦可以胜残去杀矣。’诚哉是言也！”(《论语·子路》)

惻隱之心，仁之端也；羞惡之心，義之端也；辭讓之心，禮之端也；是非

之心,智之端也。人之有是四端也,猶其有四體也。(《孟子·公孙丑》)

魯人有請見之者,溫伯雪子曰:“不可。吾聞中國之君子,明乎禮義而陋於知人心,吾不欲見也。”至於齊,反舍於魯,是人也又請見。(《庄子·田子方》)

孔子爲魯司寇,有父子訟者,孔子拘之,三月不別。其父請止,孔子舍之。季孫聞之不説,曰:“是老也欺予。語予曰:‘爲國家必以孝。’今殺一人以戮不孝! 又舍之。”(《荀子·宥坐》)

孟春之月:日在營室,昏參中,旦尾中。其日甲乙。……是月也,以立春。(《吕氏春秋·孟春》)

“彼”(56例),举例如下。

故彼人者,寡不死其所長,故曰:太盛難守也。(《墨子·亲士》)

彼正身之士,舍貴而爲賤,舍富而爲貧,舍佚而爲勞,顏色黎黑而不失其所,是以天下之紀不息,文章不廢也。(《荀子·尧问》)

歲厭世,去而上仙,乘彼白云,至於帝鄉。(《庄子·天地》)

彼疏者有罪,戚者治之,賤者有罪,貴者治之。(《晏子春秋·内篇谏上》)

詰誅暴慢,以明好惡;巡彼遠方。(《吕氏春秋·孟秋》)

“夫”(135例),举例如下。

微夫人之力不及此。(《左传·僖30》)

今吾執政無乃實有所避,而滑夫二川之神,使至於争明以妨王宮,工而飾之,無乃不可乎!(《国语·周语下》)

食夫稻,衣夫锦,于女安乎?(《论语·阳货》)

我是彼奉水者之意,而非夫摻火者之意。(《墨子·耕柱》)

庾公之斯學射於尹公之他,尹公之他學射於我。夫尹公之他,端人也,其取友必端矣。(《孟子·离娄下》)

知夫爲人主上者,不美不飾之不足以一民也,不富不厚之不足以管下也,不威不强之不足以禁暴勝悍也。(《荀子·富国》)

夫三子者,猶存乎蓬艾之間。(《庄子·齐物论》)

夫二子營君以邪,公安得知道哉!(《晏子春秋·内篇谏下》)

若夫人者，目擊而道存矣，不可以容聲矣。(《吕氏春秋·精谕》)

“之”(32例)，举例如下。

司城子罕以堵女父、尉翩、司齊與之，良司臣而逸之，托諸季武子，武子寘諸下。鄭人醢之三人也。(《左传·襄15》)

若苟疑惑乎之二子者言，然則姑嘗傳(通轉)而為政乎國家萬民而觀(之)。(《墨子·节葬下》)

之人也，之德也，將旁礴萬物以爲一。(《庄子·逍遥游》)

后來是良日也，之子是必大吉。(《吕氏春秋·音初》)

“其”(231例)，举例如下。

臣竭其股肱之力，加之以忠貞。(《左传·僖28》)

并國覆軍，賊殺百姓，孰將受其不祥?(《墨子·鲁问》)

故舉天下以賞其善者不足；舉天下以罰其惡者不給。(《庄子·在宥》)

若夫志意修，德行厚，知慮明，生於今而志乎古，則是其在我者也。故君子敬其在己者，而不慕其在天者；小人錯其在己者，而慕其在天者。君子敬其在己者，而不慕其在天者，是以日進也；小人錯其在己者，而慕其在天者，是以日退也。故君子之所以日進，與小人之所以日退，一也。(《荀子·天论》)

主人之公曰:“殺其不能鳴者。”(《吕氏春秋·必己》)

Chen(2004)指出，有定作为一个语用、语义概念普遍存在于世界各语言中，基本上所有语言都存在标明有定概念的手段，如人称代词、专有名词、带有定限定词的名词性结构等，句法层面有定范畴的存在则以定冠词的出现为标记。定冠词标记名词的有定属性，指示代词也可标记名词的有定属性，两者之间存在着一定的关联。

汉语中虽然没有定冠词，但是我们发现上古汉语“指示代词 + NP”有这样一种情况，如下。

衞侯夢于北宫，見人登昆吾之觀，被髮北面而譟曰:“登此昆吾之虛，緜緜生之瓜。余爲渾良夫，叫天無辜。”(《左传·哀17》)

其友因奉託而謂復者曰:“此北郭子為國故死，吾將為北郭子死。”又退

而自刎。(《晏子春秋·内篇杂上》)

譬之若楚、越之君,今是楚王食於楚之四境之內,故愛楚之人;越王食於越,故愛越之人。(《墨子·天志下》)

干辛任威,凌轢諸侯,以及兆民,賢良鬱怨。殺彼龍逄,以服群凶。(《吕氏春秋·慎大》)

夫州吁,阻兵而安忍。(《左传·隐4》)

指示代词放在专有名词之前,标示有定。而在英语中,指示代词并没有这一功能,只有定冠词才能用于世界上独一无二的名词或某些专有名词之前,如下。

The sun is bigger than the earth.(太阳比地球大。)

the Great Wall(长城)

the Summer Palace(颐和园)

因此,汉语中的指示代词与其他语言(如英语)中定冠词存在可比性。吕叔湘(1944)指出,人名、地名在《诗经》中已经加仅起装饰而无指定作用的指示代词,如下。

太任有身,生此文王。维此文王,小心翼翼。(《诗·大雅》)

陟彼南山,言采其薇。(《诗·召南》)

二、指示代词的"冠词化"

在世界许多其他语言中,指示代词是定冠词的主要来源之一。Greenberg(1978)指出,指示词一旦由直指功能发展为指示话语中已经提到过的对象,这就意味着语法化的开始,虽然回指也是指示词的典型功能。他提出两条判定定冠词的标准:①在表达有定意义的名词性成分中强制性出现;②可用于依赖语境和普遍共享知识获得有定地位的对象,或用于世界上唯一存在的对象之前。

Chen(2004)把Greenberg(1978)提出的指示词冠词化部分路径总结为:

阶段0(指示词阶段)	过渡阶段	阶段1(定冠词阶段)
情景直指	回指	共享知识、联想提供的有定

指称意义和指示功能处于两个不同的平面。指称意义包括有定、无定、有指、无指等，而指示功能包括回指、直指、认同指等。由上文例句可见，上古汉语中的指示代词是指示功能和有定意义的交叉。世界上独一无二的对象、人名、地名等专有名词是本质上有定的名词，在上古汉语中可以被指示，尤其是上文中已经出现或处于言谈现场的情况下，这些本质上有定的名词和指示代词可以同现。

吕叔湘(1985)曾指出，指示上文说过的人或事物，当名词本身已经有定，无须指别的场合，“这”“那”的意义就已经相当虚化了，其作用相当于其他语言里的有定冠词。[1]指示代词可以只用于指示功能，也可以用于指示上文中出现的专有名词或其他类别的本身为有定的对象，此时指示代词的有定功能无法凸现或者说被抑制，由此可产生意义虚化。现代汉语中是如此，那这是否意味着上古汉语指示代词也存在冠词化现象呢?

我们重新审视上文所提到“指示代词+NP”中，NP为专有名词的情况，如下。

当“此(斯)”“是”加在专有名词前表示有定时，绝大多数(4/5)都有近指的含义，有空间距离的近，如专名是近在眼前的事物，或者身处其中的处所；有心理距离的近，如专名为上文正在谈论的人、事物，举例如下。

“此”(3例)：

衞侯夢于北宫，見人登昆吾之觀，被髪北面而譟曰：“登此昆吾之虚，緜緜生之瓜。余爲渾良夫，叫天無辜。”(《左传·哀17》)

此例“昆吾之虚”即为说话人所在的处所，近距离。

因謂其友曰：“盛吾頭于笥中，奉以託。”退而自刎。其友因奉託而謂復者曰：“此北郭子為國故死，吾將為北郭子死。”(《晏子春秋·内篇杂上》)

此例“其友因奉託而謂復者”，所以“其友”在所说“此北郭子”亦是近指。

“是”(2例)：

子不如易於齊，與其死也，猶是郈也，而得紓焉，何必此?(《左传·

[1] 吕叔湘. 近代汉语指代词[M]//吕叔湘. 吕叔湘文集(第3卷). 北京：商务印书馆，1992：206.

定10》)

譬之若楚、越之君,今是楚王食於楚之四境之內,故愛楚之人;越王食於越,故愛越之人。(《墨子·天志下》)

上两例中,“郧”“楚王”都是上文谈话的焦点所在,心理距离近。

“此”有1例例外,如下。

則夫好攻伐之君,又飾其說以非子墨子曰:“子以攻伐為不義,非利物與? 昔者楚熊麗始封此睢山之閒;越王繄虧出自有遽,始邦於越;唐叔與呂尚邦齊晉。(《墨子·非攻下》)

“睢山之閒”既不是眼前或身处的处所,也不是上文谈论的焦点,而是讲以前的事情,一般来讲,这种情况应该使用远指代词,却用了近指代词“此”。“此”的距离意义有弱化的倾向。

当“彼”“夫”加在专有名词前表示有定时,仍有指示远距离的意思。举例如下。

“彼”(6例):

彼鄒、滕雉奔而出其地,猶稱公侯,小之事大,弱之事彊,久矣。(《晏子春秋·内篇问上》)

彼周者,殷之樹國也,魯近齊而親殷,以變小國,而不服于鄰,以遠望魯(晉之誤),滅國之道也。(《晏子春秋·内篇问上》)

彼曾、史、楊、墨、師曠、工倕、離朱者,皆外立其德而爚亂天下者也,法之所无用也。(《庄子·胠箧》)

彼楚越者,且時享、歲貢,終王之屬也,必齊之日祭月祀之屬,然後曰受制邪?(《荀子·正论》)

以上所提及的专有名词,或者在时间上存在距离,为说话者说话以前存在的人或事物,如“周”,“曾、史、楊、墨、師曠、工倕、離朱”;或者空间上存在距离,说话者所说的内容非自己国家的事,如“鄒、滕雉”“楚越”。

此外,还有以下这种情况。

干辛任威,凌轢諸侯,以及兆民,賢良鬱怨。殺彼龍逄,以服群凶。(《吕氏春秋·慎大》)

桀迷惑於末嬉，好彼琬、琰，不恤其衆，衆志不堪，上下相疾，民心積怨。(《吕氏春秋·慎大》)

上两例，“龍逄”“琬、琰”都是说话者从情感上讲比较厌恶的人。在近指和远指的人际功能层面上，邻近度衡量的是说话人对于所指的态度和情感。概括地说，近指体现了说话人的情感卷入或者支持赞成的态度，而远指则用于指代情感上自己比较疏离或者态度上不支持或不赞成的事物。[1]

“夫”(15例)：

夫州吁，阻兵而安忍。(《左传·隐4》)

日君以夫公孫段爲能任其事，而賜之间州田。(《左传·昭7》)

夫榮公好專利而不知大難。(《国语·周语上》)

章子有一於是乎？夫章子，子父責善而不相遇也。責善，朋友之道也。父子責善，賊恩之大者。夫章子豈不欲有夫妻子母之屬哉？(《孟子·离娄下》)

上例几例中“夫”后专有名词“州吁”“公孫段”“榮公”“章子”也都为说话者情感上疏远的对象，显示出远指特征。

“之”(1例)：

臣聞之胡齕曰，王坐於堂上，有牽牛而過堂下者。王見(之)曰：“牛何(之)？”(《孟子·梁惠王上》)

“其”(1例)：

反先王則不義，何以爲盟主？其晉實有闕。(《左传·成2》)

以上“之”“其”也显示出距离特征。

通过对语例的分析发现，指示代词后面的名词是人名或专有名词时，指示代词并没有失去指示意义，仍然有隐含有表示距离远近的意义，不能看作发生了冠词化。

现代汉语中“这、那”，有这样一种情况，如下。

我发现这女人全是死心眼儿。

---

[1] 黄细云. 英语指示词this和that的功能研究[J]. 湖北广播电视大学学报，2008(8).

这烟对身体有害是谁都知道的，为什么还有那么多人抽？

将来自个过日子了，那一分钱都得掰着齿花，要不怎么置大件儿？

这些例子里“这、那”所指示的名词性成分，并不是对上文说到的某个人或事物的回指，其所在的句子往往是对上文说过的事的一种评论。具体地说，就是上文谈到某个人或事的某种行为，下文评论说“这一类人或事物都是如此”。在有些论著里，这种着眼于一类事物通称的名词被称为通指(generic，或译为类指)成分。“这、那”为通指标志，名词性成分不是有定的。❶

上古汉语“夫 + NP”中也存在极个别这样的情况，如下。

夫士也亦无王命而私受之於子。(“士”公名，“夫”先焉，以指一类之士——马建忠注)(《孟子·公孙丑下》)

与现代汉语不同的是，“夫 + NP”出现的语境为举例。且仅个别语例，不能说明“夫”发生了冠词化。

但是，我们也注意到，指示代词“夫”其虚化的道路比“此”“是”“彼”等走得更远。首先，“夫”可以起宾语小句标句词的作用(7.3%)，举例如下。

君子疾夫舍曰欲之而必为之辞。(《论语·季氏》)

予惡乎知夫死者不悔其始之蕲生乎！(《庄子·齐物论》)

且子獨不聞夫壽陵馀子之學行於邯鄲與？(《庄子·秋水》)

子獨不聞夫至人之自行邪？(《庄子·达生》)

假之有人而欲南無多，而惡北無寡，豈爲夫南之不可盡也，離南行而北走也哉！(《荀子·正名》)

今人所欲無多，所惡無寡，豈爲夫所欲之不可盡也。(《荀子·正名》)

使夫資朴之於美，心意之於善，若夫可以見之明不離目，可以聽之聰不離耳，故曰目明而耳聰也。(《荀子·性恶》)

天下曉然皆知夫盜竊之不可以爲富也，皆知夫賊害之不可以爲壽也，皆知夫犯上之禁不可以爲安也。(《荀子·君子》)

世曉然皆知夫爲姦則雖隱竄逃亡之由不足以免也，故莫不服罪而請。

❶ 张伯江，方梅. 汉语功能语法研究[M]. 南昌：江西教育出版社，1996：156-157.

(《荀子·君子》)

君子之所以貴玉而賤珉者，何也？爲夫玉之少而珉之多邪？(《荀子·法行》)

有歌，紂作北里，幽厲之聲，顧夫淫以鄙而偕亡。(《晏子春秋·内篇谏上》)

“夫”用于关系从句结构之首，表示类指意义，起明显的标记NP作用，和现代汉语中类指意义的“那”作用相同，无概念意义，它的出现是因为有了较长的关系从句修饰语的出现，如下。

凡人好敖慢小事，大事至然後興之務之，如是，則常不勝夫敦比於小事者矣。(《荀子·强国》)

有始也者，有未始有始也者，有未始有夫未始有始也者。(《庄子·齐物论》)

吾思夫使我至此极者，而弗得也。(《庄子·大宗师》)

子非夫博學以擬聖，於于以蓋眾，獨弦哀歌以賣名聲於天下者乎？(《庄子·天地》)

吾又悲夫悲人之悲者，其後而日遠矣。(《庄子·徐无鬼》)

孰知夫出死要節之所以養生也！孰知夫出費用之所以養財也！孰知夫恭敬辭讓之所以養安也！孰知夫禮義文理之所以養情也！(《荀子·礼论》)

马建忠(1898)明确指出：“凡公名前有静字或有偏次以成一顿者，与凡静字、代字用如名者，皆可加以'夫'字”[1]，就是说，凡是核心名词之前有修饰语的，都可以在前面冠以“夫”字，这显示了“夫”作为NP标记的功能。

请东人之能与夫二三有司言者。(《左传·文13》)

我是彼奉水者之意，而非夫摻火者之意。(《墨子·耕柱》)

吾觀夫俗之所樂。(《庄子·至乐》)

子不闻夫越人之流人乎？(《庄子·徐无鬼》)

今(夫)此人以爲與己同時而生，同鄉而處者，以爲夫絕俗過世之士焉。(《庄子·盗跖》)

---

[1] 马建忠. 马氏文通[M]. 北京：商务印书馆，1983：148.

人之情，食欲有芻豢，衣欲有文繡，行欲有輿馬，又欲夫餘財蓄積之富也。(《荀子·荣辱》)

今使塗之人者，以其可以知之質，可以能之具，本夫仁義法正之可知之理，可能之具，然則其可以爲禹明矣。(《荀子·性恶》)

考察上古9部文献，此类例句总计出现16例。

综上所述，我们认为上古汉语指示代词“此(斯)”“是”“彼”“夫”“其”“之”等确实具有其他语言中定冠词的定指功能，但这并不能说明其发生“冠词化”，因为其表示定指时，指示功能并没有丧失，仍具有距离的远近差异，定指应该是上古汉语指示代词的功能之一，是指示代词本身就具备的功能。至于“夫”，它不仅可以起宾语小句标示词的作用，而且可以用于关系从句结构之首，表示类指意义，甚至可以加在任何核心名词之前有修饰语的情况，起明显的标记NP作用，指示功能虚化，与其他语言中定冠词的功能极为相似。但是出现的频率比较低，且“夫”似乎始终没有发展出句法强制性，正如Chen(2004)所说，汉语中光杆NP功能非常强大，在语境中同样可以表示有定，影响了指示词在NP中出现的频率，指示词虽然发展出非常完备的、类似定冠词的语用功能，但无法发展出句法强制性，因而汉语没有形成带有句法强制性的有定范畴。

第四节 指示代词短语发展为话语标记的功能

《马氏文通》中把汉语连词分为四类：①提起连字，如“夫”，作用为引入新的信息或新的话题。②承接连字，如“是故”“於是”等，作用是复指上文中出现的信息，表示结果。③转折连字，如“然”“然而”“乃”等。转折其实也是一种承接，是一种反接关系。④推拓连字，如“虽”“若”等。马建忠提到的四类连词中有三类来源和指示代词有关。

Hanlliday和Hanson：代词的回指功能本来就是衔接句子的一种手段。指示代词有回指功能，这决定了它是构建语篇的衔接和连贯的重要手段。

使用指示代词回指前文事件可凸显两个事件之间的关系，指示代词的作用是把两个事件整合在一个句子之中。就这一功能而言，有发展为连词的功能基础。陈玉洁(2007)认为，所谓连词，其实是在语篇中只起话语功能的成分，句法上不和其他成分组合，它所表达的逻辑关系只有在语篇中才能得到实现，因而它是作用于话语层面的语言成分，是一种起连接作用的话语标记。话语标记是一个功能类别，不能形成一个独立的句法范畴，其主要功能为连接，位置一般处于两个话语片段之间，同时对任何一个话语片段的命题意义都没有贡献，去掉之后不会改变前后片段的命题意义。这里我们主要考察马氏所说②③两种情况。

一、於是、是故

相邻出现的两个事件，前一事件或者作为被评判的对象，或者是作出评判的依据，后一事件是判断或结论，不管处于何种情况，前一事件都是后一事件发生的基础，因而两者有逻辑上的推理关系，看下面的例句。

故務其三時，修其五教，親其九族，以致其禋祀，於是乎民和而神降之福，故動則有成。(《左传·桓6》)

川壅而潰，傷人必多，民亦如之。是故爲川者決之使導，爲民者宣之使言。故天子聽政，使公卿至於列士獻詩，瞽獻曲，史獻書，師箴，瞍賦，矇誦，百工諫，庶人傳語，近臣盡規，親戚補察，瞽、史教誨，耆、艾修之，而後王斟酌焉，是以事行而不悖。民之有口，猶土之有山川也，財用於是乎出；猶其原隰之有衍沃也，衣食於是乎生。口之宣言也，善敗於是乎興，行善而備敗，其所以阜財用、衣食者也。(《国语·周语上》)

作为指示前一事件的指示代词，出现的动因为使前后两个事件之间的联系更为紧密和明了，但是由于指示代词的所指与上一事件相同，因而属于语义上羡余的成分，此时指示代词语义上羡余；事件之间的推断关系无显性标记标示。因而指示代词很容易发展为表示推断关系的连接标记，并可以进一步虚化为承接连词，连推断意义也丧失了。

“於是”“是故”在上古已经发展为话语标记是没有疑义的。殷国光

《〈吕氏春秋〉词类研究》中把“於是”归为承接连词。[1]姚振武《〈晏子春秋〉词类研究》中提到，“是以”“是故”“於是”“于是”等凝固格式，其中的“是”从来源上看都是古指称词（即我们所说的指示代词），作介词宾语，承指上文。不过在《晏子春秋》中，它们已可视为连词，都是上承原因，下启结果。“是以”“是故”偏重于说理；“於是”“于是”偏重于叙实。[2]关于“是以”，学者们多数认为在上古还只是一个固定结构，不能算作是词。确实，上古汉语中还存在“以是”（57例）表示推理的格式。

知之曰知之，不知曰不知，內不自以誣，外不自以欺，以是尊賢畏法而不敢怠傲。（《荀子·儒效》）

其神凝，使物不疵癘而年穀熟。吾以是狂而不信也。（《庄子·逍遥游》）

晏子曰：“毋反書。公所病者，陰也，日者，陽也。一陰不勝二陽，故病將已。以是對。”（《晏子春秋·内篇杂下》）

武王曰：“將以甲子至殷郊，子以是報矣。”（《吕氏春秋·贵因》）

也存在个别“此以”（26例）表示推论的现象，如下。

於是相與趨之，行三十里，及而殺之。此以知故也。孟賁過於河，先其五，船人怒，而以楫虓其頭，顧不知其孟賁也。中河，孟賁瞋目而視船人，髮植，目裂，鬢指，舟中之人盡揚播入於河。使船人知其孟賁，弗敢直視，涉無先者，又況於辱之乎？此以不知故也。（《吕氏春秋·必己》）

因此“是以”宜看作固定结构，而不能算作词。

二、然、然而

王力《汉语语法史》：“直到汉代以后，‘然’字才单独作转折连词。”[3]但似乎在汉代以前就出现“然”作为转折连词的情况。殷国光《〈吕氏春秋〉词类研究》中提到，“然”有3例表示转折的连词[4]，如下。

---

❶ 殷国光.《吕氏春秋》词类研究[M]. 北京：商务印书馆，2008：360.

❷ 姚振武.《晏子春秋》词类研究[M]. 开封：河南大学出版社，2005：67.

❸ 王力. 汉语语法史[M]. 北京：商务印书馆，1989：146.

❹ 殷国光.《吕氏春秋》词类研究[M]. 北京：商务印书馆，2008：356.

虽游，然岂必遇哉。(《吕氏春秋·报更》)

最初，“然”在领起语境中的一个后续句时，是用来回指前文的的代词，如下。

吾不能早用子，今急而求子，是寡人之過也。然鄭亡，子亦有不利焉。(《左传·僖30》)

今吾子之言，亂之道也，不可以爲法。然吾子，主也，至敢不從？(《左传·成12》)

吾亦願之。然吾觀國人，其父兄之食麤而衣惡者猶多矣，吾是以不敢。(《国语·鲁语》)

这些“然”对前文的回指是明显的，不能视为转折连词。但是“然”在承认或认可前文所叙述的事实的同时，也赋予了句子以“尽管如此，可是”的让步加转折的语用意义。这就为“虽”的出现提供了语义条件。当“虽”进入转折句的前文后，不仅接管了让步的语用义，同时消解了“然”的回指功能，使其成为纯粹的连接成分。

子雖兄弟於晉，然蔡吾甥也，二國孰賢？(《国语·楚语》)

夫雖無四方之憂，然謀臣與爪牙之士，不可不養而擇也。(《国语·越语》)

雖身知其安也，口知其甘也，目知其美也，耳知其樂也，然上考之不中聖王之事，下度之不中萬民之利，是故子墨子曰：“為樂非也。”(《墨子·非乐上》)

至于上古时期的“然而”，学者们大多认为是代词“然”和连词“而”两个性质不同的独立成分的组合形式，其中“然”的作用是回指上文，“而”则用来引出一个意义相反的下文。王引之《经传释词》：“‘然而’者，词之承上而转者也。”马建忠《马氏文通》：“‘然’字承上一顿，下文反转而作势者，则加‘而’字……所引‘然而’皆拆读。今人用‘然而’二字则异是。”[1]王力《汉语语法史》：“‘然而’二字连用，最初也不是连词，而是副词‘然’字一顿，表示肯定，然后加‘而’表示转折。”[2]就解释一种共时的语法格式而言，上述结论

[1] 马建忠. 马氏文通[M]. 北京：商务印书馆，1983：312.

[2] 王力. 汉语语法史[M]. 北京：商务印书馆，1989：145.

是大体符合实际的。但是，上古毕竟是一个时间跨度较大的历史时期，从文献来看，春秋战国时期，“然”“而”骈立的现象就已经比较常见，可以说已经形成一个具有特定意义的语法格式。[1]

為人臣者懷利以事其君，為人子者懷利以事其父，為人弟者懷利以事其兄，是君臣、父子、兄弟終去仁義，懷利以相接，然而不亡者，未之有也。(《孟子·告子下》)

故懷負石而投河，是行之難爲者也，而申徒狄能之；然而君子不貴者，非禮義之中也。(《荀子·不苟》)

吾思夫使我至此極者而弗得也。父母豈欲吾貧哉？天无私覆，地无私載，天地豈私貧我哉？求其爲之者而不得也。然而至此極者，命也夫！(《庄子·大宗师》)

“然而”在文献中分布的情况，如表4-3所示。

表4-3 “然而”在9部传世文献中的分布

(单位：例)

《左传》	《国语》	《论语》	《墨子》	《孟子》	《荀子》	《庄子》	《吕氏春秋》
1	5	1	24	9	102	11	19

刘利(2005)考察了《左传》到《史记》共12部上古时期的文献，得出如下结论：上古汉语中，一部分“然而”已经丧失了它们各自的语法功能和语义功能，变为双音节词。“然而”成词的最早时间应该是在战国初期。不同的语境为“然”和“而”的成词提供了两种动力：一种动力是“然”字回指前文时语用意义的改变：由强调条件的优越变成对事实或道理的让步性认可，如上文所说。另一种动力是“而”后所带的语法单位的转变：由动词短语到主谓俱全的单句。前者导致“然”回指前文的功能不断弱化，后者造成“而”引导谓词性成分的功能逐渐衰落。这两种因素的合力最终促成“然而”结合成了一个词汇单位。

[1] 刘利. 上古汉语的双音节连词“然而”[J]. 中国语文，2005(2).

難則難矣,然而未仁也。若以王為無道,則何故不受而治也?若以白公為不義,何故不受王,誅白公然而反王?故曰難則難矣,然而未仁也。(《墨子·鲁问》)

凡天下禍篡怨恨可使毋起者,以相愛生也,是以仁者譽之。"然而今天下之士君子曰:"然,乃若兼則善矣。"(《墨子·兼爱中》)

此所謂言有三表也。然而今天下之士君子,或以命為有。(《墨子·非命上》)

故禮之生,爲賢人以下至庶民也,非爲成聖也;然而亦所以成聖也,不學不成。(《荀子·大略》)

今有子先其父死,弟先其兄死者矣,意雖使然,然而天下之陳物曰'先生者先死',若是,則先死者非父則母,非兄而姒也。(《墨子·明鬼下》)

德雖未至也,義雖未濟也,然而天下之理略奏矣,刑賞已諾,信乎天下矣,臣下曉然皆知其可要也。(《荀子·王霸》)

雖堯舜不能去民之欲利;然而能使其欲利不克其好義也。雖桀紂不能去民之好義;然而能使其好義不勝其欲利也。(《荀子·大略》)

天下之人,虽各特意哉,然而有所共予也。(《荀子·大略》)

另外,从"然""而"自身来说,"然"本身虽是指示代词,用来回指前文,但它对前文的回指,从篇章功能来看实际上也是起一种"承上"的衔接作用,这跟"而"的启下功能有着先天的一致性。又由于"然"回指的内容与"而"引出的内容语义悖反,所以"然而"句中始终都有转折的语义存在。因此,当"然而"成为单词以后,这"承上启下"的衔接任务和传达"转折"语义的使命就一并落在它身上了。

陈玉洁(2007)指出,由于回指NP与回指VP在指示词的选择上存在区别,如现代汉语中回指VP使用"这""那"都可以,而回指NP多使用"这",由此造成远近指示词的语法化目标也不相同,"那"在汉语中语法化为承接连词,"这"没有。"然"都是回指VP,我们推测除上述原因促成"然"虚化外,这也是其虚化成表转折的话题标记的因素之一。

第五章　余　论

上古汉语常用指示代词“此(斯)”“是”“彼”“夫”“之”“其”等,在语义上的核心功能是指别,称代只是部分指示代词的功能;句法位置上,指示代词以处于定语位置为最主要的形式,但内部存在差异:此(斯)、是,充当主宾语是自由的(指别兼称代);彼、夫,充当主宾语是有条件的(指别兼称代);其、之,不能充当主宾语(指别)。

上古汉语中的指示代词是指示功能和有定意义的交叉。单个指示代词的指示功能更为明显,指示短语中指示代词的指称意义更为显著。“此(斯)”“是”的指示功能突出,“之”“其”主要显示为指称意义,“彼”“夫”则介于两者之间。

如果撇开“之”“其”,近指“此(斯)”“是”和远指“彼”“夫”在使用上有许多不对称的地方,主要体现在使用频率与句法分布上,沈家煊(1999)在试图描写以及解释现代汉语语法的不对称现象时,认为对于像汉语这样缺乏形态的语言,语言中的不对称现象主要通过分布标准和频率标准显现出来。

与现代汉语不同,上古汉语指示代词是一个更为复杂的系统,其近指、远指都并非仅仅一个词,而是包含多个词。因此,上古汉语指示代词,除了存在近指代词与远指代词使用的不对称外,近指代词和远指代词内部也同样存在差异。

第一节　近指代词与远指代词的不对称

一、使用频率的不对称

首先，近指代词的数目和种类要比远指代词丰富的多。绪论中提到，上古汉语近指代词有体词性和谓词性之分。体词性近指代词中又包含“此（斯）、兹、是、之、以、焉”等，谓词性近指代词又包含“然、若、尔”等；远指代词仅“彼、其、夫、伊”等。

其次，就我们现在考察的最具代表性的近指代词［此（斯）、是］和远指代词（彼、夫）来看，在使用频率上也表现出不对称现象。就我们考察的9部文献中“此（斯）”2348例，“是”2580例；“彼”109例，“夫”157例。近指代词“此（斯）”“是”的使用频率远远高于远指代词“彼”“夫”。

二、分布的不对称

我们看一下它们各自的句法分布情况，如表5-1所示。

表5-1　“此（斯）”“是”“彼”“夫”的句法分布

（单位：例）

指示代词	句法位置				
	主语	定语	宾语	谓语	状语
此（斯）	1000 （38.7%）	22（379）[1] （17.1%）	1029 （43.8%）	4 （0.17%）	7 （0.3%）
是	1425 （55.2%）	48（266） （12.1%）	727 （28.2%）	114 （4.4%）	1 （0.03%）
彼	13 （11.9%）	62(4) （60.6%）	27 （24.8%）	2 （1.8%）	1 （0.9%）
夫	7 （4.5%）	（150） （95.5%）	0	0	0

[1] 括号中为处于定语位置但本身不具回指功能的指示代词。

近指代词“此(斯)”“是”以处于主语、宾语位置为主,远指代词“彼”“夫”以处于定语位置为主,表现出明显的不对称性。

近指、远指的不对称,除频率、分布等方面的不对称。还有近指代词中存在“此(斯)”“是”这样两个无论在分布还是语义功能上都极为类似的词并行使用的情况,远指代词中则没有这一现象。

第二节 近指代词内部使用的差异

本节所讲近指代词内部使用的差异是就“此(斯)”“是”而言。

一、指示功能的差异

上古汉语近指代词中,存在“此(斯)”“是”这样两个无论在分布和语义功能上都极为类似的词并行使用的情况。我们通过考察上古9部传世文献,发现“此(斯)”与“是”在指示功能上表现出差异。

1.“此(斯)”的指示性强于“是”

具体表现在如下几个方面。

(1)直接指示中,“此(斯)”(34见)的出现频率要高于“是”(12见)。正如第三章分析,指示词是指示姿势的语法化,即指示词原始的基本功能就是直指,指示当下或现场的对象。因此,当指示代词表示直接指示时,其指示功能最强。

(2)名词性回指中,就指称距离来讲,“此(斯)”“是”的回指是介于零形回指与名词回指之间的一种形式。指称距离小于或等于3时,指称同处于宾语位置的先行语,一般选择处于显著性稍低的宾语位置的“此(斯)”指称,选择处于显著性高的主语位置的“是”指称,“此(斯)”处于比“是”不显著的位置,却指称具有相同显著度位置的人或事物;指称距离大于3时,当“此(斯)”“是”同处于主语位置,“是”指称显著性高的主语位置的人或事物,“此(斯)”则指称显著性略低的宾语位置的人或事物。“此(斯)”“是”处于相同显著度的位置，“此(斯)”先行语位置的显著度却低于“是”先行语位置的显著度。

(3)“此”“是”判断句，在假设语境中，“此”与“是”的使用几乎是对立的，绝大多数都用“是”，而很少用“此”。在因果语境中，则以用“此”为多。假设的事情一般都是没有发生的，虚拟的，非直接可感知的；因果语境的前提，一般都是既成的事实，是具体可感知的，前者常用“是”，后者常用“此”。

(4)隐性回指中，当先行语为时间、处所时，“此(斯)”主要指处所(92.3%)，“是”主要指时间(85.7%)。“此(斯)”“是”都可以做“於”的介词宾语。“於此”后的“此”几乎都表处所，“此(斯)”既可以表示具体处所，也可指示虚拟处所；“於是”后的“是”都表时间，且都在谓词之前。时间是一个比空间更虚化的范畴，“此(斯)”主要用于指称处所，而“是”主要用于指称时间。

2.“是”除了指示功能，本身还含有推理的意义

具体表现在以下几方面。

(1)小句性回指中，当“此(斯)”“是”处于主语位置，并与其所指称小句紧邻时，“此”后谓语以名词谓语为主(63.8%)，主谓谓语的情况很少(2.8%)。“是”后的谓语形式比较自由，以动词或形容词谓语形式为主(66.4%)。“此”主要与名词谓语构成判断句，“此”是判断对象，即具有代词功能的主语，与名词判断句类似，主要功能为对先行语进行陈述。而“是”则更容易与谓词性成分构成判断句。后接内容并不只是陈述，而是根据上文内容推断出新的结论，“是”在推论的语境中具有更大的适应性。

(2)“此”“是”判断句的比较，“此”判断句绝大多数不是表示经过断定得出的新结论，而是表示众所周知的事理，且在复句中，“此”句不是居于尾分句的结论位置，而是居于首分句的议题位置；而“是”判断句的情况是，当名词判断句与“是”判断句同时出现，名词判断句往往位于相关复句的前面，以便在作出判断之前交代情况，而“是”判断句则位于句末作出判断结论，且在复句中，“是”判断句总是居于尾分句的结论位置。出现这一现象的原因在于，“是”除了指称的作用外，还隐含有推理的意义，推论是其独特

的表意功能。

（3）“此/是+之谓”的两种情况：“此/是之谓也（乎/矣）”；与“此/是之谓××”，统计得出，“此”以“此之谓也（乎/矣）”形式为主（65.1%），一般用于引述文献说明前义内容，“此”就是指称引文前面所说的内容，所指具体，指称功能明显；“是”以“是之谓××”形式为主（91.7%），用于对上文论述的总结或概括，“是”除了指称功能，还隐含有推理的意义。

“是”的推理意义也逐渐消解了其指示的功能。

二、时间表达的差异

此节我们拟考察“此”“是”称代时间和“此”“是”与时间词语的组合表达时间范畴是否存在差别，在句法分布上是否相同。“此”“是”和“此”“是”与时间词语的组合表示过去、现在、将来时间，它们之间的比例分别如何，是什么原因造成了这样的分布，它们在充当句法成分方面是否存在差别，从而反观各“此”“是”的差异。

1. 指示代词称代时间

李向农（1997）把时间词分为时点词和时段词，然后讨论其表达式的异同，并且认为，从入句的情况来看，表示时点或时段的词一般是不能入句的。蒋华（2004）认为，表示时点的词确不能入句，但是某些表示时段的词却可以入句，充当某个句法成分。

上古汉语中的指示代词既可以称代时点，也可以称代时段。

景王問於萇弘曰：“今兹諸侯何實吉？何實凶？”對曰：“蔡凶。此（s）蔡侯般弒其君之歲也，歲在豕韋，弗過此（o）矣。楚將有之，然壅也。歲及大梁，蔡復，楚凶，天之道也。”（《左传·昭11》）

彼一時，此（s）一時也。（《孟子·公孙丑下》）

乃此（z）則老且恶，嬰與之居故矣，故及其少且姣也。（《晏子春秋·内篇杂下》）

萇弘曰：“毛得必亡。是（s）昆吾稔之日也，侈故之以。而毛得以濟侈於王都，不亡何待？”（《左传·昭18》）

后來，是(s)良日也，之子是必大吉。(《吕氏春秋·音初》)

以上称代时点。

我二十五年矣，又如是(o)而嫁，則就木焉。(《左传·僖23》)

晉侯曰："十二年矣，是(s)謂一終，一星終也。"(《左传·襄9》)

若諸侯服，不過三年；不服，不過十年。過是(o)，晉之殃也。(《国语·晋语八》)

以上称代时段。

指示代词"此""是"称代时间，一般放在介词"自、从、於"等之后作宾语，举例如下。

"此"：

今子賞罰而民且不仁，德自此(o)衰，刑自此(o)立，後世之亂自此(o)始矣。(《庄子·天地》)

太公望曰："魯自此(o)削矣。"(《吕氏春秋·长见》)

今君聽讒人之議，而不知我，西河之為秦取不久矣，魏從此(o)削矣。(《吕氏春秋·长见》)

今君聽讒人之議，而不知我，西河之為秦也不久矣，魏國從此(o)削矣。(《吕氏春秋·观表》)

事君勇謀，於此(o)用之。今夕必挑戰，以廣民心。(《国语·吴语》)

今王公大人、天下之諸侯則不然，將必皆差論其爪牙之士，皆(比之誤)列其舟車之卒伍，於此(o)為堅甲利兵，以往攻伐無罪之國。(《墨子·非攻下》)

然今以命為有者，昔三代暴王桀紂幽厲，貴為天子，富有天下，於此(o)乎不而矯其耳目之欲，而從其心意之辟，外之敺騁、田獵、畢弋，內湛於酒樂，而不顧其國家百姓之政，繁為無用，暴逆百姓，遂失其宗廟。(《墨子·非命下》)

"是"：

在晉先君悼公九年，我寡君於是(o)即位。(《左传·襄22》)

外僕言曰："昔先大夫相先君適四國，未嘗不爲壇。自是(o)至今，亦皆

循之。今子草舍,無乃不可乎?"(《左传·襄28》)

於是(o)江、黄、道、柏方睦於齊,皆弦姻也。(《左传·僖5》)

於是(o)子駟當國,子國爲司馬,子耳爲司空,子孔爲司徒。(《左传·襄10》)

三十二年春,宣王伐魯,立孝公。諸侯從是(o)而不睦。(《國語·周语上》)

天之道也,由是(o)始之。(《国语·晋语四》)

"是"绝大部分作"於"的宾语作小句的状语,可出现在句首,也可出现在句中。

我们知道,时间是单维单向的,呈线性,自然离不开"过去—现在—将来"这根轴,称代时间的指示代词之前的介词也正好能反映这个规律。"自、从、於"后面接的一般是表示时间起点的词。

现代汉语里"自"一般用于表过去的起点词语。古代汉语里,稍有不同,"自"后的时间既可以是表示过去的,如"昔先大夫相先君適四國,未嘗不爲壇。自是至今,亦皆循之"中的"是"是称代过去的时间"昔",也可以是表示现在的,如"今子賞罰而民且不仁,德自此衰,刑自此立,後世之亂自此始矣"中的"此"称代时间现在时"今"。

"从"在现代汉语中,既可以后接表过去的词语,如"从一九八零年到现在";也可以后接表示现在的词语,如"从今以后";也可以是表示将来的,如"从下个月"。古汉语中,"从"后的指示代词可称代过去,如"三十二年春,宣王伐魯,立孝公。諸侯從是而不睦"中"是"称代过去时间;也可称代现在,"如今君聽讒人之議,而不知我,西河之為秦取不久矣,魏從此削矣"中"此"称代表现在时间的"如今",未见称代将来的。

"於"后一般接表示时点的词语,可以表示现在,如下。

今周德既衰,於是(o)乎又渝周、召,以從諸姦,無乃不可乎?(《左传·僖24》)

事君勇謀,於此(o)用之。今夕必挑戰,以廣民心。(《国语·吴语》)

也可以表示过去,如下。

夏，“及齊師戰于奚”，疆事也。於是(o)齊人侵魯疆，疆吏來告。(《左传·桓17》)

秋八月丁卯，“大事於大廟，躋僖公”，逆祀也。於是(o)夏父弗忌爲宗伯，尊僖公。(《左传·文2》)

2. 指示代词与时间词语组合称代时间

指示代词可以与“时、岁”等时间词语组合后表示时间。指示代词与“时、岁”等组合后称为称代性时点词语，[1]其特征是指称性，本身并不表示历法时间流上的某一时间，但它指称前文所提到的历法时间流上的某一时间，或泛指某一时间，所以这类时点词和历法时间一样也可以认为有着确定的时间位置，它们或指称某一特定时间，或指称具有某一特征的时间，或泛指任一时点。

季春之月：日在胃，昏七星中，旦牽牛中。其日甲乙。其帝太皞。其神句芒。其蟲鱗。其音角。律中姑洗。其數八。其味酸。其臭羶。其祀戶。祭先脾。桐始華。田鼠化為鴽。虹始見。萍始生。天子居青陽右個，乘鸞輅，駕蒼龍，載青旂，衣青衣，服青玉。食麥與羊。其器疏以達。是月(z)也，天子乃薦鞠衣于先帝。命舟牧覆舟，五覆五反，乃告舟備具于天子焉，天子焉始乘舟。薦鮪于寢廟，乃為麥祈實。是月(z)也，生氣方盛，陽氣發泄，生者畢出，萌者盡達，不可以內。天子布德行惠，命有司，發倉窌，賜貧窮，振乏絕，開府庫，出幣帛，周天下，勉諸侯，聘名士，禮賢者。是月(z)也，命司空曰：“時雨將降，下水上騰；循行國邑，周視原野；修利隄防，導達溝瀆，開通道路，無有障塞；田獵罝弋，罝罘羅網，餧獸之藥，無出九門。”是月(z)也，命野虞，無伐桑柘。鳴鳩拂其羽，戴任降于桑。具栚曲筥筐，后妃

---

[1] 何亮. 中古汉语时点时段表达研究[M]. 成都：巴蜀书社，2007：41-42。“代词 + 时间成分”组合后多数不是词而是词组，如“是”类除“是月”外，其他组合《汉语大词典》均未收录，但王海棻多收入《古汉语时间范畴词典》；“此”类大词典收录了“此时”，其余均未收录，而王海棻则收录了“此夕”等。他认为“是月”与“是年”等，“此夕”与“此月”等属于同样性质，当用同一标准，为避免重复分类及分类过于琐碎，不去计较它们属于词还是词组，称为时点词语。我们采用何亮的观点。

齋戒，親東鄉躬桑，禁婦女無觀。省婦使，勸蠶事，蠶事既登，分繭稱絲效功，以共郊廟之服，無有敢墮。是月(z)也，命工師，令百工，審五庫之量，金鐵、皮革筋、角齒、羽箭幹、脂膠丹漆，無或不良。百工咸理，監工日號，無悖于時；無或作為淫巧，以蕩上心。是月(d)之末，擇吉日，大合樂，天子乃率三公九卿諸侯大夫親往視之。是(z)月也，乃合纍牛騰馬游牝于牧，犧牲駒犢，舉書其數。國人儺，九門磔禳，以畢春氣。(《吕氏春秋·季春》)

其中的7个“是月”都是回指上文的“季春之月”，并不表示历法时间流上的某一时间，而是泛指一个时点。

称代时间词可作“於”“当”“在”等的宾语，表示时间，如下。

今時則易然也：夏后、殷、周之盛，地未有過千里者也，而齊有其地矣；雞鳴狗吠相聞，而達乎四境，而齊有其民矣。地不改辟矣，民不改聚矣，行仁政而王，莫之能御也。且王者之不作，未有疏於此時(o)者也；民之憔悴於虐政，未有甚於此時(o)者也。饑者易為食，渴者易為飲。孔子曰：‘德之流行，速於置郵而傳命。’當今之時，萬乘之國行仁政，民之悦之，猶解倒懸也。故事半古之人，功必倍之，惟此時(o)為然。(《孟子·公孙丑上》)

於斯時(o)也，天下殆哉，岌岌乎！(《孟子·万章上》)

“此(斯)”加表示时间的词语后，即可作“於”的宾语，表示时间，为现在时。也有作“当”的宾语表示时间的情况，如下。

秦雖大勝於長平，三年然後決，士民倦，糧食。當此時(o)也，兩周全，其北存。(《吕氏春秋·应言》)

齊桓公、管仲、鮑叔、甯戚相與飲酒酣，桓公謂鮑叔曰：“何不起為壽？”鮑叔奉杯而進曰：“使公毋忘出奔在於莒也，使管仲毋忘束縛而在於魯也，使甯戚毋忘其飯牛而居於車下。”桓公避席再拜曰：“寡人與大夫能皆毋忘夫子之言，則齊國之社稷幸於不殆矣。”當此時(o)也，桓公可與言極言矣。可與言極言，故可與為霸。(《吕氏春秋·直谏》)

以上两例表过去时间。“此”还有作“在”的宾语，称代时间的，表现在时间，如下。

夏六月甲戌朔，日有食之。祝史請所用幣。昭子曰：“日有食之，天子不舉，伐鼓於社；諸侯用幣於社，伐鼓於朝。禮也。”平子禦之，曰：“止也。唯正月朔，慝未作，日有食之，於是乎有伐鼓用幣，禮也。其餘則否。”大史曰：“在此月(o)也。日過分而未至，三辰有災，於是乎百官降物；君不舉，辟移時；樂奏鼓，祝用幣，史用辭。”(《左传·昭17》)

子産相鄭伯以如晉，叔向問鄭國之政焉。對曰：“吾得見與否，在此歲(o)也。駟、良方争，未知所成。若有所成，吾得見，乃可知也。”叔向曰：“不既和矣乎？”(《左传·襄30》)

“是”与加表示时间的词语组合后，一般单独放在句首作时间状语，一般表示过去时间，如下。

秋七月戊寅，左師至。是(d)夜也，趙孟及子晳盟，以齊言。(《左传·襄27》)

是歲(z)也，有雲如衆赤鳥，夾日以飛三日。(《左传·哀6》)

还有与介词“当”组合后放在句首作时间状语，也表示过去时，如下。

當是時(o)也，山无蹊隧，澤无舟梁；萬物群生，連屬其鄉；禽獸成群，草木遂長。(《庄子·马蹄》)

當是(o)時也，智伯、孟嘗君知之矣。(《吕氏春秋·不侵》)

或者作谓语，如下。

其九月、十月之交乎！丙子旦，日在尾，月在策，鶉火中，必是時(v)也。(《左传·僖5》)

“是”与时间词语组合，没有放在介词“於”后表示时间的情况。

从句法分布来看，含指示代词的称代时间词语充当状语所占据的句法位置要比其他成分所占据的句法位置要多得多。若从语言信息的新旧来看，含指示代词的称代时间词语表达的是定指的时间，而定指的时间在句中常常是旧信息之所在，而新旧信息的分布规律为旧信息一般用在句首，新信息常位于句子的后半部分，所以含指示代词的称代时间词语常置于句子的前半部分做状语的较多。

3. 指示代词与时态

每个句子都表达与现实世界相联系的一个特定的事件，它必然包含一定的时间因素,因为没有一件事情可以在空间和时间之外发生,所以它总是包含着一个时点或时间跨度。

这里我们把它分为日常交际和叙事性作品两种情况来对待。在日常对话中,指示代词所表达的时间通常是以说话人说话时的时间为参照点来考察动作发生的时间。在叙事性作品中,指示代词所表达的时间有时是从创作者的角度来看待的。

(1)指示代词与时态。

指示代词与时态的表达统计如表5-2所示。

表5-2 "此""是"与时态的表达

(单位:例)

指示代词	时态		
	过去时	现在时	将来时
此	—	19(100%)	—
是	76(93.8%)	5(6.2%)	—

"此"一般指现在时态;"是"既可表示现在,也可表示过去,且以表示过去为最主要的形式(93.8%),举例如下。

表过去:

"五年春正月,甲戌、己丑,陳侯鮑卒",再赴也。於是(o)陳亂,文公子佗殺大子免而代之。(《左传·桓5》)

秋八月丁卯,"大事於大廟,躋僖公",逆祀也。於是(o)夏父弗忌爲宗伯,尊僖公。(《左传·文2》)

表现在:

景王問於萇弘曰:"今兹諸侯何實吉?何實凶?"對曰:"蔡凶。此(s)蔡侯般弒其君之歲也,歲在豕韋,弗過此(o)矣。楚將有之,然壅也。歲及大梁,蔡復,楚凶,天之道也。"(《左传·昭11》)

乃此(z)則老且惡,嬰與之居故矣,故及其少且姣也。(《晏子春秋·内篇杂下》)

天以命矣，復於壽星，必獲諸侯。天之道也，由是(o)始之。(《国语·晋语四》)

夏后氏孔甲田于東陽萯山，天大風晦盲，孔甲迷惑，入于民室，主人方乳，或曰："后來，是(s)良日也，之子是必大吉。"(《吕氏春秋·音初》)

(2)指示短语与时态。

指示代词短语与时态的表达统计如表5-3所示。

表5-3 "此""是"短语与时态的表达

(单位:例)

指示短语	时态		
	过去时	现在时	将来时
"此"短语	2(22.2%)	7(77.8%)	—
"是"短语	22(95.7%)	—	1(4.3%)

由表5-3可见，"此"短语可以表过去和现在时态，且以表现在时占大多数(77.8%)；"是"短语可表示过去和将来时态，且绝大多数表示过去时(95.7%)，举例如下。

表过去：

秦雖大勝於長平，三年然後決，士民倦，糧食。當此時(o)也，兩周全，其北存。(《吕氏春秋·应言》)

齊桓公、管仲、鮑叔、甯戚相與飲酒酣，桓公謂鮑叔曰："何不起為壽？"鮑叔奉杯而進曰："使公毋忘出奔在於莒也，使管仲毋忘束縛而在於魯也，使甯戚毋忘其飯牛而居於車下。"桓公避席再拜曰："寡人與大夫能皆毋忘夫子之言，則齊國之社稷幸於不殆矣。"當此時(o)也，桓公可與言極言矣。可與言極言，故可與為霸。(《吕氏春秋·直谏》)

對曰："昔者太王好色，愛厥妃。詩云：'古公亶父，來朝走馬，率西水滸，至于岐下；爰及姜女，聿來胥宇。'當是時(o)也，內無怨女，外無曠夫。王如好色，與百姓同之，於王何有？"(《孟子·梁惠王下》)

古之人在混芒之中，與一世而得澹漠焉。當是時(o)也，陰陽和靜，鬼

神不擾，四時得節，萬物不傷，群生不夭，人雖有知，无所用之，此之謂至一。(《庄子·缮性》)

是時(z)也，公繁于刑，有鬻踊者。故對曰："踊貴而屨賤。"(《晏子春秋·内篇杂下》)

宋景公之時，熒惑在心，公懼，召子韋而問焉……是夕(z)熒惑果徙三舍。(《吕氏春秋·制乐》)

當是時(o)也，智伯、孟嘗君知之矣。(《吕氏春秋·不侵》)

表现在：

夏六月甲戌朔，日有食之。祝史請所用幣。昭子曰："日有食之，天子不舉，伐鼓於社；諸侯用幣於社，伐鼓於朝。禮也。"平子禦之，曰："止也。唯正月朔，慝未作，日有食之，於是乎有伐鼓用幣，禮也。其餘則否。"大史曰："在此月(o)也。日過分而未至，三辰有災，於是乎百官降物；君不舉，辟移時；樂奏鼓，祝用幣，史用辭。"(《左传·昭17》)

子産相鄭伯以如晉，叔向問鄭國之政焉。對曰："吾得見與否，在此歲(o)也。駟、良方争，未知所成。若有所成，吾得見，乃可知也。"叔向曰："不既和矣乎？"(《左传·襄30》)

於子蟜之卒也，將葬，公孫揮與裨竈晨會事焉。過伯有氏，其門上生莠。子羽曰："其莠猶在乎？"於是歲在降婁，降婁中而旦。裨竈指之曰："猶可以終歲，歲不及此次(o)也已。"及其亡也，歲在娵訾之口，其明年乃及降婁。(《左传·襄30》)

十二月辛亥朔，日有食之。是夜也，趙簡子夢童子羸而轉以歌，旦占諸史墨，曰："吾夢如是，今而日食，何也？"對曰："六年及此月(o)也，吴其入郢乎！終亦弗克。入郢必以庚辰，日月在辰尾。庚午之日，日始有謫。火勝金，故弗克。"(《左传·昭31》)

表将来：

八月甲午，晉侯圍上陽。問於卜偃曰："吾其濟乎？"對曰："克之。"公曰："何時？"對曰："童謡云：'丙之晨，龍尾伏辰；均服振振，取虢之旂。鶉之賁賁，天策焞焞，火中成軍，虢公其奔。'其九月、十月之交乎！丙子旦，日在

尾，月在策，鶉火中，必是時(v)也。”(《左传·僖5》)

4. 小结

“此”“是”称代时间，主要处于主语、宾语等位置；“此”“是”短语称代时间主要以处于宾语、状语位置为主。

“此”“是”称代时间，既有时点、也有时段。“此”“是”短语只称代时点。

“此”“是”称代时间，“此”仅表示现在；“是”既可以表示过去，也可表现在。“此”“是”短语指代时间，“此”短语即可表示现在，也可表示过去；“是”短语可表过去与将来。然而，无论是“此”“是”称代时间，还是“此”“是”短语称代时间，“此”及其短语都主要用来表示现在时，而“是”及其短语则绝大多数用来表示过去时。

第三节　远指代词内部使用的差异

本节所讲远指代词内部使用的差异是就“彼”“夫”而言。“彼”“夫”所处句法位置主要为定语，其主要功能为表达有定的指称意义，然而，在指称意义的表达上存在些微差异。“彼”仅可置于名词性短语之前表示有定，而“夫”发生了类似于别的语言中“冠词化”的现象，它不仅可以起宾语小句标示词的作用，而且可以用于关系从句结构之首，表示类指意义，甚至可以加在任何核心名词之前有修饰语的情况，起明显的标记NP作用。

附录[1]

此(斯)

指示类型				《左传》句法分布					《国语》句法分布				
				s	d[2]	o	v	z	s	d	o	v	z
直接指示	指人			1	—	2	—	—	—	—	—	—	—
	指物			—	—	4	—	—	1	—	1	—	—
	指地点			—	—	—	—	—	—	—	—	—	—
间接指示	回指	显性回指	名词性	8	2	20	—	—	2	—	13	—	—
			动词性	—	—	1	—	—	—	—	1	—	—
			小句性	18	—	17	—	—	8	—	10	—	—
		隐性回指	时间	3	—	1	—	—	—	—	1	—	—
			地点	—	—	27	—	2	1	—	12	—	—
			事情等	11	—	38	—	—	8	1	17	—	—
	预指			—	—	—	—	—	—	—	—	—	—
总计				43	2	109	—	2	20	1	55	—	—

指示类型		《论语》句法分布					《墨子》句法分布				
		s	d	o	v	z	s	d	o	v	z
直接指示	指人	—	—	—	—	—	—	—	—	—	—
	指物	—	—	2	—	—	—	—	—	—	—
	指地点	—	—	—	—	—	—	—	—	—	—

❶ "此(斯)""是""彼"的指示类型在各文献中的分布。

❷ 此处定语位置的"此"是指具有称代功能的情况，另处于定语位置，本身不具有称代，需和名词结合后才具称代功能的情况，与其分开讨论。

（续表）

指示类型				《论语》句法分布					《墨子》句法分布				
				s	d	o	v	z	s	d	o	v	z
间接指示	回指	显性回指	名词性	1	—	1	—	—	23	—	18	—	—
			动词性	—	—	1	—	—	—	—	5	—	—
			小句性	8	—	3	—	—	122	—	56	—	—
		隐性回指	时间	—	—	—	—	—	—	—	1	—	—
			地点	—	—	5	—	—	—	—	9	—	1
			事情等	—	—	4	1	—	105	6	127	—	—
	预指			—	1	—	—	—	1	—	1	—	—
总计				9	1	15	1	—	251	6	233	—	1

指示类型				《孟子》句法分布					《晏子春秋》句法分布				
				s	d	o	v	z	s	d	o	v	z
直接指示	指人			1	—	—	—	—	1	—	—	—	—
	指物			—	—	—	—	—	2	—	—	—	—
	指地点			—	—	—	—	—	—	—	2	—	—
间接指示	回指	显性回指	名词性	5	（1）	1	—	—	10	—	7	—	—
			动词性	—	—	—	—	—	—	—	—	—	—
			小句性	14	—	13 （1）	—	—	30	—	18	—	—
		隐性回指	时间	1	—	13	—	—	1	—	—	—	1
			地点	—	—	—	—	—	—	—	1	—	—
			事情等	14	（1）	24	—	—	16	2	14	—	—
	预指			—	—	—	—	—	1	—	—	—	—
总计				35	2	52	—	—	61	2	42	—	1

指示类型		《庄子》句法分布					《荀子》句法分布				
		s	d	o	v	z	s	d	o	v	z
直接指示	指人	—	—	—	—	—	—	—	—	—	—
	指物	5	—	—	—	—	3	—	—	—	—
	指地点	2	—	—	—	—	—	—	—	—	—

（续表）

指示类型				《庄子》句法分布					《荀子》句法分布				
				s	d	o	v	z	s	d	o	v	z
间接指示	回指	显性回指	名词性	13	1	5	—	—	13	—	4	—	—
			动词性	1	—	1	—	—	—	—	—	—	—
			小句性	88	—	28	—	—	36	—	2(8)	—	—
		隐性回指	时间	—	—	1	—	—	—	—	—	—	—
			地点	—	—	9	—	1	—	1	3(8)	—	1
			事情等	30	—	31	—	—	18(1)	1	104(26)	—	—
	预指			—	—	—	—	1	—	—	—	—	—
其他				—	—	—	—	—	—	—	—	—	—
总计				139	1	77	—	2	78	2	148	—	1

指示类型				《吕氏春秋》句法分布				
				s	d	o	v	z
直接指示	指人			3	—	—	—	—
	指物			5	—	—	—	—
	指地点			3	—	—	—	—
间接指示	回指	显性回指	名词性	28	—	28	1	—
			动词性	1	—	4	—	—
			小句性	184	2	81	1	—
		隐性回指	时间	—	—	2	—	—
			地点	—	—	32	—	—
			事情等	67	2	133	—	—
	预指			—	1	4	—	—
其他				—	—	—	—	—
总计				292	5	286	2	—

是[1]

指示类型				《左传》句法分布					《国语》句法分布				
				s	d	o	v	z	s	d	o	v	z
直接指示	指人			—	—	—	—	—	2	—	—	—	—
	指物			6	—	—	—	—	—	—	—	—	—
	指地点			—	—	1	—	—	—	—	—	—	—
间接指示	回指	显性回指	名词性	35	1	38	—	—	15	1	5	2	—
			动词性	—	—	—	1	—	—	—	2	—	—
			小句性	109	—	41	—	—	95	—	20	2	—
		隐性回指	时间	—	—	60	—	—	—	—	4	—	—
			地点	—	—	7	—	—	—	—	—	—	—
			事情等	38	3	81	2	—	15	3	29	6	—
	预指			—	—	—	—	—	—	—	—	—	—
其他				—	—	—	—	—	—	—	—	—	—
总计				188	4	229	3	—	127	4	60	10	—

指示类型				《论语》句法分布					《墨子》句法分布				
				s	d	o	v	z	s	d	o	v	z
直接指示	指人			3	—	—	—	—	—	—	—	—	—
	指物			—	—	—	—	—	—	—	—	—	—
	指地点			—	—	—	—	—	—	—	—	—	—
间接指示	回指	显性回指	名词性	4	—	4	—	—	6	—	1	1	—
			动词性	—	—	—	—	—	—	—	—	3	—
			小句性	13	—	7	—	—	103	1	8	10	—
		隐性回指	时间	—	—	—	—	—	—	—	—	—	—
			地点	—	—	—	—	—	—	—	—	—	—
			事情等	3	—	5	—	—	7	6	9	3	—
	预指			—	—	—	—	—	—	—	—	—	—
其他				—	—	—	—	—	—	—	—	—	—

[1] 在对“是”进行统计时，我们把固化为词的“於是”“是故”，以及固化结构“是以”等排除在外。

（续表）

指示类型				《论语》句法分布					《墨子》句法分布				
				s	d	o	v	z	s	d	o	v	z
总计				23	—	16	—	—	116	7	18	17	—

指示类型				《孟子》句法分布					《晏子春秋》句法分布				
				s	d	o	v	z	s	d	o	v	z
直接指示	指人			—	—	—	—	—	2	—	—	—	—
	指物			—	—	—	—	—	—	—	—	—	—
	指地点			—	—	—	—	—	—	—	—	—	—
间接指示	回指	显性回指	名词性	9	—	3	2	—	6	—	1	3	—
			动词性	—	—	—	—	—	1	—	—	—	—
			小句性	92	3	14	7	—	50	1	6	1	—
		隐性回指	时间	—	—	—	—	—	—	—	—	—	—
			地点	—	—	2	—	—	—	—	—	—	—
			事情等	20	4	28	5	1	6	3	11	1	—
	预指			—	—	—	—	—	—	—	—	—	—
其他				—	—	—	—	—	—	—	—	—	—
总计				121	7	47	14	1	65	4	18	5	—

指示类型				《庄子》句法分布					《荀子》句法分布				
				s	d	o	v	z	s	d	o	v	z
直接指示	指人			1	—	—	—	—	—	—	—	—	—
	指物			—	—	—	—	—	—	—	—	—	—
	指地点			—	—	—	—	—	—	—	—	—	—
间接指示	回指	显性回指	名词性	36	—	9	4	—	31	—	48	14	—
			动词性	—	—	—	—	—	—	—	—	—	—
			小句性	114	1	34	2	—	424	5	146	15	—

（续表）

指示类型				《庄子》句法分布					《荀子》句法分布				
				s	d	o	v	z	s	d	o	v	z
间接指示	回指	隐性回指	时间	—	—	1	—	—	—	—	—	—	—
			地点	—	—	2	—	—	—	—	—	—	—
			事情等	11	2	43	7	—	33	3	21	2	—
	预指			—	—	—	—	—	—	—	—	—	—
其他				4	—	5	—	—	—	—	—	—	—
总计				166	3	94	13	—	17	488	215	33	—

指示类型				《吕氏春秋》句法分布				
				s	d	o	v	z
直接指示	指人			—	—	—	—	—
	指物			1	—	—	—	—
	指地点			2	—	—	—	—
间接指示	回指	显性回指	名词性	12	6	6	4	—
			动词性	—	—	—	—	—
			小句性	87	1	9	9	—
		隐性回指	时间	1	——	—	—	—
			地点	—	—	—	—	—
			事情等	28	4	16	6	—
	预指			—	—	—	—	—
其他				—	—	—	—	—
总计				131	11	31	19	—

彼

指示类型		《左传》句法分布					《国语》句法分布				
		s	d	o	v	z	s	d	o	v	z
直接指示	指人	—	—	—	—	—	—	—	—	—	—
	指物	—	—	—	—	—	—	—	—	—	—
	指地点	—	—	—	—	—	—	—	—	—	—

（续表）

指示类型				《左传》句法分布					《国语》句法分布				
				s	d	o	v	z	s	d	o	v	z
间接指示	回指	显性回指	名词性	—	—	—	—	—	—	—	—	—	—
			动词性	—	—	—	—	—	—	—	—	—	—
			小句性	—	—	—	—	—	—	—	—	—	—
		隐性回指	时间	—	—	—	—	—	—	—	—	—	—
			地点	—	—	—	—	—	—	—	—	—	—
			事情等	—	—	—	—	—	1	—	—	—	—
	预指			—	—	—	—	—	—	—	—	—	—
其他				—	1	—	1	—	—	—	—	—	—
总计				—	1	—	1	—	1	—	—	—	—

指示类型				《论语》句法分布					《墨子》句法分布				
				d	s	o	v	z	s	d	o	v	z
直接指示	指人			—	—	—	—	—	—	—	—	—	—
	指物			—	—	—	—	—	—	—	—	—	—
	指地点			—	—	—	—	—	—	—	—	—	—
间接指示	回指	显性回指	名词性	—	—	—	—	—	1	—	—	—	—
			动词性	—	—	—	—	—	—	—	—	—	—
			小句性	—		—	—	—	—	—	—	—	—
		隐性回指	时间	—	—	—	—	—	—	—	—	—	—
			地点	—	—	—	—	—	—	—	—	—	—
			事情等	—	—	—	—	—	—	—	2	1	—
	预指			—	—	—	—	—	—	—	—	—	—
其他				—	—	—	—	—	2	—	2	—	—
总计				—	—	—	—	—	3	—	4	1	—

指示类型				《孟子》句法分布					《荀子》句法分布				
				s	d	o	v	z	s	d	o	v	z
直接指示	指人			—	—	—	—	—	—	—	—	—	—
	指物			—	—	—	—	—	—	—	—	—	—
	指地点			—	—	—	—	—	—	—	—	—	—
间接指示	回指	显性回指	名词性	1	—	1	—	—	—	—	2	—	—
			动词性	—	—	—	—	—	—	—	—	—	—
			小句性	—	—	—	—	—	—	—	—	—	—
		隐性回指	时间	—	—	—	—	—	—	—	—	—	—
			地点	—	—	—	—	—	—	—	—	—	—
			事情等	1	3	2	—	1	2	—	5	—	—
	预指			—	—	—	—	—	—	—	—	—	—
其他				—	—	1	—	—	—	—	—	—	—
总计				2	3	4	—	1	2	—	7	—	—

指示类型				《庄子》句法分布					《晏子春秋》句法分布				
				s	d	o	v	z	s	d	o	v	z
直接指示	指人			—	—	—	—	—	—	—	—	—	—
	指物			—	—	—	—	—	—	—	—	—	—
	指地点			—	—	—	—	—	—	—	—	—	—
间接指示	回指	显性回指	名词性	1	—	2	—	—	—	—	—	—	—
			动词性	—	—	—	—	—	—	—	—	—	—
			小句性	—	—	—	—	—	—	—	—	—	—
		隐性回指	时间	—	—	—	—	—	—	—	—	—	—
			地点	—	—	2	—	—	—	—	—	—	—
			事情等	3	—	2	—	—	—	—	—	—	—
	预指			—	—	—	—	—	—	—	—	—	—
其他				6	—	5	—	—	—	—	—	—	—
总计				10	—	11	—	—	—	—	—	—	—

<table>
<tr><th colspan="4" rowspan="2">指示类型</th><th colspan="5">《吕氏春秋》句法分布</th></tr>
<tr><th>s</th><th>d</th><th>o</th><th>v</th><th>z</th></tr>
<tr><td colspan="2" rowspan="3">直接
指示</td><td colspan="2">指人</td><td>—</td><td>—</td><td>—</td><td>—</td><td>—</td></tr>
<tr><td colspan="2">指物</td><td>—</td><td>—</td><td>—</td><td>—</td><td>—</td></tr>
<tr><td colspan="2">指地点</td><td>—</td><td>—</td><td>—</td><td>—</td><td>—</td></tr>
<tr><td rowspan="7">间接
指示</td><td rowspan="6">回指</td><td rowspan="3">显性
回指</td><td>名词性</td><td>—</td><td>—</td><td>1</td><td>—</td><td>—</td></tr>
<tr><td>动词性</td><td>—</td><td>—</td><td>—</td><td>—</td><td>—</td></tr>
<tr><td>小句性</td><td>—</td><td>—</td><td>—</td><td>—</td><td>—</td></tr>
<tr><td rowspan="3">隐性
回指</td><td>时间</td><td>—</td><td>—</td><td>—</td><td>—</td><td>—</td></tr>
<tr><td>地点</td><td>—</td><td>—</td><td>5</td><td>—</td><td>—</td></tr>
<tr><td>事情等</td><td>—</td><td>—</td><td>—</td><td>—</td><td>—</td></tr>
<tr><td colspan="3">预指</td><td>—</td><td>—</td><td>—</td><td>—</td><td>—</td></tr>
<tr><td colspan="4">其他</td><td>—</td><td>—</td><td>—</td><td>—</td><td>—</td></tr>
<tr><td colspan="4">总计</td><td>—</td><td>—</td><td>6</td><td>—</td><td>—</td></tr>
</table>

参考文献

曹秀玲.韩国留学生汉语语篇指称现象考察[J].世界汉语教学,2000(4).

陈承泽.国文法草创[M].北京:商务印书馆,1982.

陈平.汉语零形回指的话语分析[J].中国语文,1987(5).

陈平.话语分析说略[J].语言教学与研究,1987(3).

陈志明.代词"之""其"的共性与差异[J].山西师范大学学报(哲社版),2004(2).

陈玉洁.指示词的类型学考察[D].北京:中国社会科学院,2007.

陈若愚.也谈古汉语"×之谓"与"×之谓×"句式分析[J].内江师范学院学报,2008(9).

崔立斌.《孟子》词类研究[M].开封:河南大学出版社,2004.

崔应贤."这"比"那"大[J].中国语文,1997(2).

冯胜利.古汉语判断句中的系词[J].汪维辉,译,古汉语研究,2003(3).

郭在贻.训诂学[M].长沙:湖南人民出版社,1986.

郭锐.现代汉语词类研究[M].北京:商务印书馆,2002.

郭玉玲.指代时间的"这"和"那"[J].首都师范大学学报(增刊),2000.

郭锡良.古代汉语[M].北京:商务印书馆,2004.

郭锡良.汉语第三人称代词的起源和发展[M]// 郭锡良.汉语史论集.北京:商务印书馆,2005.

郭锡良.试论上古汉语指示代词的体系[M]// 郭锡良.汉语史论集.北京:商务印书馆,2005.

何乐士.左传虚词研究[M].北京:商务印书馆,1989.

何英玉.指称理论中的照应问题[J].外语学刊,1999(2).

何亮中.古汉语时点时段表达研究[M].成都:巴蜀书社,2007.

洪波.上古汉语指代词书面体系的再研究[M]// 南开大学中文系语言学教研室.语言研究论丛.天津:天津教育出版社,1991.
胡壮麟.语篇的衔接与连贯[M].上海:上海外语教育出版社,1994.
胡壮麟.系统功能语言学概论[M].北京:北京大学出版社,2005.
胡明扬.词类问题考察[M].北京:北京语言大学出版社,1997.
黄细云.英语指示词 this 和 that 的功能研究[J] .湖北广播电视大学学报,2008(8).
金红莲.指代略说[J].汉语学习,1999(3).
金红莲.现代汉语指代问题研究[D].上海:上海师范大学,1999.
蒋平.影响先行语可及性的因素[J].外国语,2003(5).
蒋华.现代汉语“这/那”类指示代词的多维度考察[D].长沙:湖南师范大学,2004.
蒋华.指示代词“这”的上下指差异研究[J].安庆师范学院学报(社会科学版),2005(3).
蒋华.指示代词研究述评[J].徐州师范大学学报(哲社版),2006(1).
黎锦熙.比较文法[M].北京:中华书局,1986.
黎锦熙.新著国语文法[M].北京:商务印书馆,1992.
李妮.浅谈“此其……”句式[J].陕西师范大学学报(哲社版),1993(1).
廖秋忠.现代汉语篇章中指同的表达[J].中国语文,1986(2).
廖秋忠.廖秋忠文集[M].北京:北京语言大学出版社,1992.
梁敬美.“这-”“那-”的语用及话语功能研究[D].北京:中国社会科学院,2002.
刘淇.助字辩略[M].章锡琛,校注,北京:中华书局,2004.
刘利.上古汉语双音节连词“然而”[J].中国语文,2005(1).
刘弘.指称与指示[J].文教资料,2006(10).
吕叔湘.中国文法要略[M].北京:商务印书馆,1982.
吕叔湘.近代汉语指代词[M]// 吕叔湘.吕叔湘文集(第 3 卷).北京:商务印书馆,1992.

吕叔湘.指示代词的二分法和三分法[M]// 吕叔湘.吕叔湘文集 (第3卷).北京:商务印书馆,1992.
李向农.现代汉语时点时段研究[M].武汉:华中师范大学出版社,1997.
李佐丰.先秦汉语实词[M].北京:中国传媒大学出版社,2003.
李虹,程平.指示词"this、that"与"这、那"的差异[J].现代语文,2008(9).
马建忠.马氏文通[M].北京:商务印书馆,1983.
毛毓松.也谈"彼其""此其"——兼与王凡同志商榷[J].广西师范大学学报(哲社版),1985(4).
梅祖麟.关于近代汉语指代词[J].中国语文,1986(6).
潘允中.汉语语法史概要[M].郑州:中州书画社,1982.
蒲立本.古汉语语法纲要[M].孙景涛,译,北京:语文出版社,2006.
屈承熹.汉语篇章语法[M].北京:北京语言大学出版社,2006.
佘华明."此之谓××"与"此之谓"的句式比较[J].温州师范学院学报,1985(2).
沈家煊(译).语用学论题之五:指示现象(上)[J].国外语言学,1987(2).
沈家煊(译).语用学论题之五:指示现象(下)[J].国外语言学,1987(2).
沈家煊."有界"与"无界"[J].中国语文,1995(5).
沈家煊.不对称和标记论[M].南昌:江西教育出版社,1999.
史存直.汉语语法史纲要[M].上海:华东师范大学出版社,1986.
孙锡信.汉语历史语法要略[M].上海:复旦大学出版社,1992.
孙锡信.汉语历史语法丛稿[M].上海:汉语大词典出版社,1997.
石毓智.指示代词回指的两种语序及其功能[J] .汉语学习,1997(6).
石毓智.汉语研究的类型学视野[M].南昌:江西教育出版社,2004.
王力.汉语史稿[M].北京:中华书局,1980.
王力.同源字典[M].北京:商务印书馆,1982.
王力.中国现代语法[M].北京:商务印书馆,1985.
王力.汉语语法史[M].北京:商务印书馆,1989.
王道英."这""那"的指示功能研究[M].上海:学林出版社,2005.

王军.论篇章距离对回指先行语可及性的影响[J].山东外语教学,2006(1).
王灿龙.试论“这”“那”指称事件的照应功能[J].语言研究,2006(2).
邢公畹.《论语》中的对待指别词[J].国文月刊,1949(45).
向熹.简明汉语史[M].北京:高等教育出版社,1993.
熊学亮.从指代研究看新格棘斯语用学的实用性[J].外国语,1997(3).
熊学亮.认知语境的语用可及程度分析[J].外国语,1999(6) .
熊学亮.英汉前指对比研究[M].上海:复旦大学出版社,1999.
许国璋.许国璋论语言[M].北京:外语教学与研究出版社,1991.
许余龙.语篇回指的认知语言学探索[J].外国语,2002(1).
许余龙.语篇回指的认知语言学研究与验证[J].外国语,2003(2).
许余龙.篇章回指的功能语用探索[M].上海:上海外语教育出版社,2004.
徐赳赳.现代汉语篇章回指研究[M].北京:中国社会科学出版社,2003.
肖娅曼.汉语系词“是”的来源及成因研究[D].成都:四川大学,2003.
杨伯峻.文言语法[M].北京:北京出版社,1962.
杨伯峻.古汉语虚词[M].北京:中华书局,1981.
杨伯峻,何乐士.古汉语语法及其发展(修订本)[M].北京:语文出版社,2001.
杨树达.高等国文法[M].北京:商务印书馆,1984.
殷国光.上古汉语语法研究[M].北京:中国大百科全书出版社,2002.
殷国光.《吕氏春秋》低频语法现象考察[J].清华大学学报(哲社版),2008(1).
殷国光.《吕氏春秋》词类研究[M].北京:商务印书馆,2008.
姚振武.《晏子春秋》词类研究[M].开封:河南大学出版社,2005.
中国语文杂志社编.语法研究和探索(十二)[M].北京:商务印书馆,2003.
周法高.中国古代语法(称代编、造句编、构词编)[J].史语所专刊,1959,1962,1962.

赵元任.中国话的文法[J].加利福尼亚：加利福尼亚大学出版社，1968.
朱德熙.语法讲义[M].北京：商务印书馆，1982.
张伯江，方梅.汉语功能语法研究[M].南昌：江西教育出版社，1996.
张惠英.汉语方言代词研究[J].语文出版社，2001.
张双棣，张万彬，殷国光，陈涛.吕氏春秋译注[M].长春：吉林文史出版社，1986.
张双棣，殷国光，陈涛.吕氏春秋词典[M].济南：山东教育出版社，1993.
张玉金.关于先秦汉语指示代词的体系问题[M]// 张玉金.出土文献语言研究，广州：广东高等教育出版社，2006.
张玉金.西周汉语代词研究[M].北京：中华书局，2006.
张玉金.春秋时代远指代词研究[J].古籍整理研究学刊，2007(5).
张志公(主编).现代汉语[M].北京：人民教育出版社，1982.
曾伟娟.秦至汉初指示代词研究[D].广州：华南师范大学，2007.
M.A.K.Halliday.功能语法导论[M].北京：外语教学与研究出版社，2000.
Ariel, Mira. Accessing Noun-phrase Antecedents[M].London:Routledge,1990.
Ariel, Mira. Interpreting anaphoric expressions: A cognitive versus a pragmatic approach[J].Journal of Linguistics,1994(30).
Hongyin Tao.The Grammar of Demonstratives in Mandarin Conversations Discourse: a Case Study[J].Journal of Chinese Linguistics,1999,127(1).
Jeanette K. Gundel, Nancy Hedberg, Ron Zacharski. Demonstrative Pronouns in Natural Discourse[J].Proceedings of the 5th Discourse Anaphora, 2004.
MAOCHEN MAO. Zero Anaphora in Zuozhuan Discourse[D].ProQuest Information and Learning Company,2003.
Ping, Chen. Referent Introduction and Tracking in Chinese Narratives[D].Los Angeles：University of California, Los Angeles,1986.
Ping,Chen.Identifiability and definiteness in Chinese[J].Linguistics, 2004,42(6).
van Hoek, Karen. Anaphora and Conceptual Structure[M].Chicago: The University of Chicago Press,1997.

Yan, Huang. The Syntax and Pragmetics of Anaphora: A Study with Special Reference to Chinese[M].Cambridge: Cambridge Univesity Press,1994.
Yan,Huang. Anaphora—A cross-linguistic Approach[M].Oxford: The University of Oxford Press,2000.

后　记

时光如水，日月如梭，本书付梓之时，离论文定稿已有时日，然当时写作过程中常常出现的辗转反侧和力不从心之感仍记忆犹新：论文写作的过程并不轻松，知识的积累尚欠火候，找工作的压力时时袭扰，于是，我只能一次次埋头于图书馆中，一次次在深夜奋笔疾书。其中的艰辛与困难难以诉说，但曲终幕落后留下的滋味，一直品尝至今。

整理书稿时，重新从头细细阅读曾经无比熟悉的文字，感触颇多。虽然其中没有很多值得特别炫耀的成果，但对我而言，是宝贵的。它是无数教诲、关爱和帮助的结果。

衷心感谢我的导师殷国光先生为本书作序。没有先生的不断鼓励和悉心指导，我的这篇论文就不可能完成。大到论文结构的安排，小到语例分析和行文语气，先生都提出了诸多有益的建议和中肯的批评。先生治学严谨，学识渊博，思想深邃，视野雄阔，为我营造了一种良好的精神氛围。其严以律己、宽以待人的崇高风范，朴实无华、平易近人的人格魅力，与无微不至、感人至深的人文关怀，令我倍感温暖。

谨向我的家人表示诚挚的谢意。你们是我生命中永远的依靠和支持，你们无微不至的关怀，是我前进的动力；你们的殷殷希望，激发我不断前行。没有你们就没有我，我的点滴成就都来自你们。

愿爱我的人和我爱的人，一切安好！

2016年11月